T0269707

Cuestiones políticas

Respuestas con perspectiva

LUIS TOMÁS MELGAR
PABLO MARTÍN ÁVILA

LIBSA

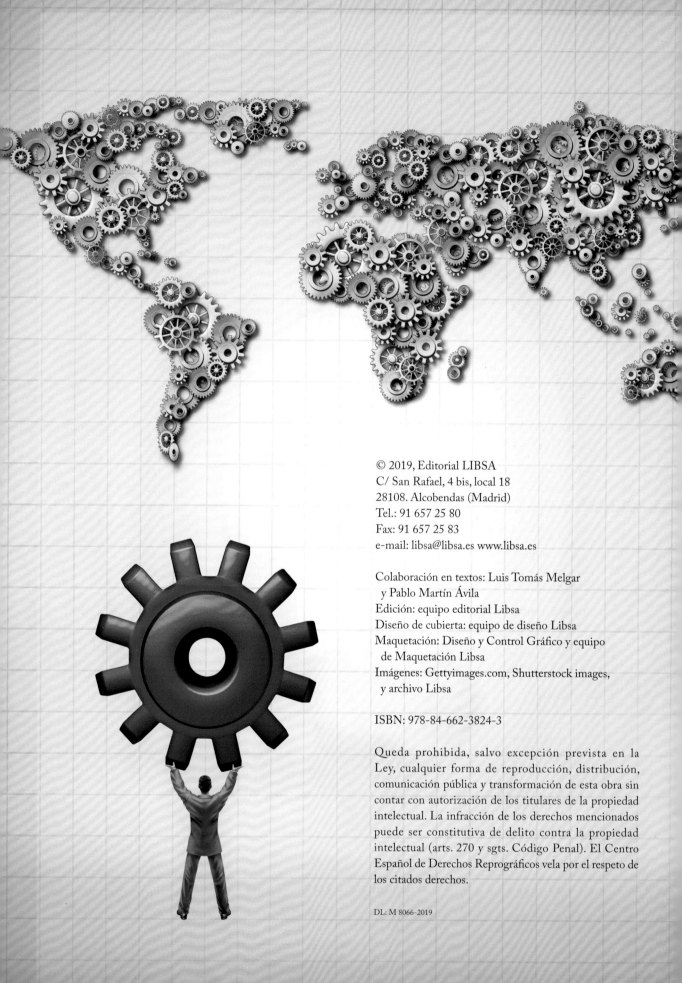

© 2019, Editorial LIBSA
C/ San Rafael, 4 bis, local 18
28108. Alcobendas (Madrid)
Tel.: 91 657 25 80
Fax: 91 657 25 83
e-mail: libsa@libsa.es www.libsa.es

Colaboración en textos: Luis Tomás Melgar
 y Pablo Martín Ávila
Edición: equipo editorial Libsa
Diseño de cubierta: equipo de diseño Libsa
Maquetación: Diseño y Control Gráfico y equipo
 de Maquetación Libsa
Imágenes: Gettyimages.com, Shutterstock images,
 y archivo Libsa

ISBN: 978-84-662-3824-3

Queda prohibida, salvo excepción prevista en la
Ley, cualquier forma de reproducción, distribución,
comunicación pública y transformación de esta obra sin
contar con autorización de los titulares de la propiedad
intelectual. La infracción de los derechos mencionados
puede ser constitutiva de delito contra la propiedad
intelectual (arts. 270 y sgts. Código Penal). El Centro
Español de Derechos Reprográficos vela por el respeto de
los citados derechos.

DL: M 8066-2019

Contenido

Presentación

La política actual es una cuestión compleja

En el mundo actual coexisten sistemas políticos, ideologías e instituciones diferentes pero parecidas, cada cual fruto de su propia evolución histórica y de su particular idiosincrasia. ¿Cómo orientarse ante este panorama tan confuso?

ste libro pretende ser una sencilla guía, un mapa preciso y claro que señale los puntos cardinales de la vida política contemporánea, de forma que el ciudadano interesado no se pierda por completo.

No es un tratado de ciencia política. Cuestiones que requerirían volúmenes enteros de análisis sesudo se han simplificado en unas pocas páginas, con unas anotaciones apenas suficientes para esbozar los conceptos fundamentales, condensando la información y ofreciendo un resumen comprensible de la misma.

Las siguientes páginas se han estructurado partiendo de la idea de que la mayor parte de los sistemas políticos que imperan en el mundo actual son democracias; más o menos asentadas, con más o menos defectos, pero democracias. Así, empezaremos por un breve repaso al origen y evolución de la democracia para después abordar la cuestión de la estatalidad. ¿Qué es realmente un Estado? ¿Cuándo surge el concepto? ¿Son Estados todos los países del mundo? ¿Nación y Estado son lo mismo?

Analizados estos conceptos básicos, pasaremos a repasar con un poco más de detenimiento los principales sistemas políticos vigentes hoy: la monarquía parlamentaria, la república parlamentaria y la república presidencialista. Seguidamente, abandonaremos los territorios de la democracia para adentrarnos en el entorno algo más peliagudo de los regímenes autoritarios, las dictaduras. En nuestras preguntas y respuestas procuraremos seguir el rumbo que marca la célebre frase de Confucio, hoy más cierta que nunca: «Un pueblo que no conoce su historia está condenado a repetirla».

Por último se ofrece un recorrido por otros movimientos o ideologías que están surgiendo en la actualidad y llenan las páginas de los periódicos. ¿Cuál es el alcance del populismo? ¿Desde cuándo existe el nacionalismo? ¿Qué significa la palabra islamista?

Las últimas páginas de este volumen están dedicadas a orientarnos en el mundo de la sociedad internacional. Las normas que rigen las relaciones entre los Estados nos afectan a todos, como demuestra la creciente importancia de la Unión Europea o la definición cada vez más amplia de los derechos humanos.

Ojalá este mapa de las principales cuestiones políticas contemporáneas nos ayude, y sirva al lector para transitar por unos parajes que cada vez más a menudo se nos muestran como enteramente nuevos.

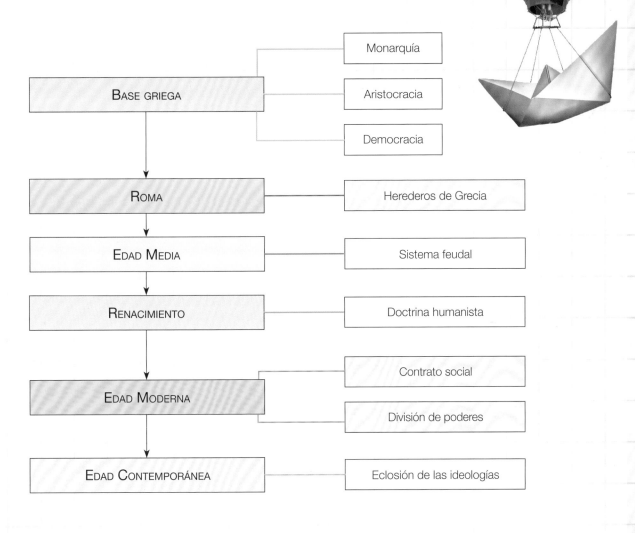

BASE GRIEGA

- Monarquía
- Aristocracia
- Democracia

ROMA — Herederos de Grecia

EDAD MEDIA — Sistema feudal

RENACIMIENTO — Doctrina humanista

EDAD MODERNA
- Contrato social
- División de poderes

EDAD CONTEMPORÁNEA — Eclosión de las ideologías

El pensamiento político

La política se rige exclusivamente por ideas

Ni los Estados ni los sistemas políticos, ni siquiera las leyes, tienen una existencia autónoma ni han aparecido de forma espontánea, sino que su origen se encuentra exclusivamente en la mente de los seres humanos.

Por este motivo, el estudio de las organizaciones políticas debe comenzar con el análisis de las ideas políticas a partir de las cuales se han desarrollado. Todas estas cuestiones vigentes en la actualidad surgen de una teoría o idea política antigua, como puede ser:

- La moción de censura.
- El nacionalismo.
- Los derechos humanos.
- La sucesión al trono en una monarquía.

Todas ellas son cuestiones que se explican únicamente a través de las teorías políticas que han hecho posible su existencia.

ORÍGENES

La historia del pensamiento político se remonta a la antigua Grecia. Los filósofos griegos como Aristóteles conceptualizaron por primera vez los regímenes políticos, dividiéndolos en monarquías, aristocracias y democracias.

En la Edad Media el pensamiento cristiano se unió al de griegos y romanos, y se implantaron doctrinas

como la de las dos ciudades de San Agustín, que es la base de la actual separación entre la Iglesia y el Estado. En la Edad Media se desarrolló el feudalismo como sistema social diseñado para preservar los privilegios de los estamentos privilegiados, nobleza y clero. Fue un sistema que solo las revoluciones de siglos posteriores pudieron alterar, aunque de él también surgieron conceptos clave en las sociedades de hoy, como la noción de ley natural, que está en la base de los actuales derechos humanos.

LOS ESTADOS MODERNOS

Con la llegada del Renacimiento se pusieron las bases del Estado moderno. Además, las doctrinas humanistas empezaron a «empapar» las teorías políticas. Se desarrollaron los conceptos de la soberanía y el derecho divino de los reyes, y tuvo lugar la reforma religiosa, que limitó el poder de la Iglesia. Fue en esta época cuando Nicolás Maquiavelo enunció su famosa teoría según la cual el fin justifica los medios. La mayor parte de los conceptos políticos actuales tuvieron su origen en la Edad Moderna, desde el contrato social a la separación de poderes. Fue una época revolucionaria para el pensa-

miento humano y el principio de todos los cambios de cierta envergadura en la sociedad.

Fue ya en la Edad Contemporánea, cuyo inicio lo marcan las revoluciones francesa y americana, cuando el universo de las ideologías políticas terminó de eclosionar. Estas revoluciones buscaron poner fin al llamado Antiguo Régimen, asentado sobre las sólidas bases de la monarquía absoluta y los privilegios feudales de los nobles y de la Iglesia.

Desde ese momento, el espectro político se dividió en dos tendencias muy diferenciadas: la conservadora, partidaria de mantener el *statu quo*, y la progresista, deseosa de cambiar las cosas. Ambas tendencias, que han evolucionado por separado y cada una a su manera, han sobrevivido hasta la actualidad y podemos reconocerlas con facilidad en cualquier país. De ellas han surgido las principales ideologías de nuestro tiempo y, por tanto, son imprescindibles para comprender el universo político en el que estamos inmersos.

Principales ideologías políticas

Desde siempre el pensamiento del hombre ha estado ligado a su concepción social: lo que ha generado tendencias claramente diferenciadas. El individuo con su pensamiento ha situado la ideología política en relación a la economía, la organización social y la función del estado. Ahora no hay ideologías de pensamiento excluyente y seguramente podremos reconocer sin dificultad una o varias de estas doctrinas políticas en la sociedad de cualquier país de nuestro entorno.

Progresismo
Se orienta hacia la profundización de la libertad personal

Conservadurismo
Originalmente partidario de mantener las estructuras económicas del Antiguo Régimen

Socialdemocracia
Parte del pensamiento obrero y de las teorías de John Maynard Keynes (1883-1946)

Liberalismo
Nace con la teoría económica de Adam Smith (1723-1790)

Comunismo
Parte del pensamiento de Karl Marx (1818-1883)

OTRAS DOCTRINAS
En la actualidad no están tan definidas y se pueden combinar con otros rasgos políticos
· CARÁCTER EXTREMISTA: se basan en pensamientos extremos y pueden alinearse en una u otra dirección.
· ECOLOGISTAS: defienden un desarrollo sostenible.

PENSAMIENTO POLÍTICO

DOCTRINAS POLÍTICAS
A lo largo de la historia, el pensamiento político ha ofrecido distintas doctrinas que se basaban sobre todo en dos caminos: la mirada conservadora o la progresista y, dentro de ellas, las distintas tendencias sociales o económicas. Hoy, el rasgo característico de las nuevas doctrinas suele ser el populismo y las ideas más extremistas, como puede ser la xenofobia, que aprovecha tiempos convulsos para manipular a la población.

En cualquier caso, estas son las doctrinas políticas vigentes en nuestro tiempo y a ellas recurren como punto de referencia los actores e instituciones que conforman nuestro actual sistema político.

COMUNISMO

El comunismo parte del pensamiento político de Karl Marx, quien aseguró que las estructuras políticas son en realidad una superestructura erigida para justificar la dominación económica. Esta dominación económica se caracteriza por la existencia de una clase social dominante que abusa de una clase social oprimida. En la época de Marx, la clase social oprimida era el proletariado.

Marx planteó una serie de propuestas para acabar con esta situación de injusticia, como la propiedad colectiva de los medios de producción o el acceso de los obreros al poder político mediante lo que llamó la «dictadura del proletariado».

Las ideas de Marx se materializaron en regímenes autoritarios en no pocos países, el primero de los cuales fue la extinta Unión Soviética. En la actualidad, en casi todos los países democráticos existen partidos comunistas que hacen plenamente compatible la teoría de Marx con las instituciones de la democracia representativa.

SOCIALDEMOCRACIA

La socialdemocracia tiene sus orígenes en el pensamiento obrero y en las teorías del economista británico John Maynard Keynes, aplicadas tras la Segunda Guerra Mundial para hacer frente a la crisis económica posterior al conflicto.

Partiendo de un pleno respeto a la democracia liberal, la socialdemocracia clásica propugna una intervención activa del Estado en la economía a través de la regulación y de las empresas públicas. Pone un acento especial en el concepto de redistribución de la renta a través de un programa de impuestos progresivos que permita la existencia de un Estado del bienestar. Para los socialdemócratas el concepto de justicia social está por encima del de libre mercado.

LIBERALISMO

El liberalismo clásico nace con la teoría económica de Adam Smith, autor de *La riqueza de las naciones,* considerada una obra clave en el desarrollo del mundo contemporáneo. Smith creía que el Estado no debí intervenir en la economía ya que, si cada individuo persigue su interés individual, entre todos, sin pretenderlo, cubriremos el interés colectivo. Según este pensador existían algunas excepciones que sí justificarían la intervención del Estado, fundamentalmente para establecer los límites entre la libertad de uno u otro individuo.

En la actualidad los liberales sí creen en el Estado del bienestar y en la necesidad de que los gobiernos intervengan en la economía, aunque consideran que el papel de estos debe restringirse a la preservación de los principios del capitalismo y el libre mercado.

CONSERVADURISMO

La ideología conservadora se basa hoy en día en la incorporación a la vida política de una serie de valores éticos y morales de origen religioso o tradicionalista. Los conservadores son, por definición, contrarios a los cambios que modifiquen las estructuras sociales y económicas cuya existencia ha sido avalada por la tradición.

El conservadurismo en su versión original fue partidario de perpetuar las estructuras económicas del Antiguo Régimen, manteniendo por tanto la situación de privilegio de las élites. En la actualidad, sin embargo, los conservadores pueden adoptar una ideología económica liberal o socialista, según los casos.

PROGRESISMO

Frente al conservadurismo, la ideología progresista está orientada hacia la profundización de la libertad personal, considerando que las normas éticas y morales de origen religioso no tienen cabida en el derecho. Históricamente, los progresistas han defendido el voto femenino, la no discriminación por razones de raza, el derecho al divorcio, el aborto o el matrimonio homosexual.

Al igual que ocurre con el conservadurismo, el progresismo se puede unir a pensamientos económicos de índole socialista o liberal, según los casos.

OTRAS DOCTRINAS

Existen, por supuesto, muchas más ideologías en el mundo que pueden relacionarse o no con las anteriores. Los ecologistas, por ejemplo, combinan valores relacionados con la protección medioambiental y el desarrollo sostenible con otras ideas de naturaleza comunista o socialdemócrata, según los casos. En cambio, los partidos de extrema derecha utilizan elementos del liberalismo y del conservadurismo y los mezclan con rasgos xenófobos o nacionalistas para obtener sus propios resultados políticos.

Preguntas políticas con respuesta

01 ¿La democracia griega era igual que la actual?

No, la griega era directa y la nuestra es representativa

La democracia como forma de gobierno nació en la ciudad de Atenas en el siglo VI a. C. Los ciudadanos se reunían en el Ágora, debatían y decidían juntos sobre los asuntos comunes.

A tenas es el ejemplo más conocido de la democracia griega. Fue la ciudad (*polis*, en griego) que llegó a tener el sistema más estable y duradero de todas las urbes de la región helénica que adoptaron la misma forma de gobierno.

La democracia ateniense es un caso único de democracia directa en la antigüedad. En vez de elegir representantes que gobiernan en nombre del pueblo, como sucede en la actualidad, los ciudadanos de Aatenas se reunían para confeccionar las leyes y ejercer el poder ejecutivo de forma directa.

En Atenas existían varias instituciones compuestas por ciudadanos para hacer efectivo este sistema de gobierno. La principal era la Asamblea, el máximo órgano de decisión, que reunía a todos los ciudadanos de la *polis.* En segundo lugar se encontraba el Consejo de los Quinientos, un órgano restringido que se elegía por sorteo y que se ocupaba del gobierno diario de la ciudad. Por último, los tribunales, estaban formados por ciudadanos elegidos al azar con el fin de garantizar su independencia a la hora de juzgar crímenes y delitos. La mayor parte de los cargos públicos en Atenas se elegían por sorteo. Los ideólogos del sistema ateniense consideraban, con verdadero acierto, que el

dinero de los más ricos, o la brillante oratoria de los más elocuentes, podían influir de manera interesada en el voto de los ciudadanos.

Algunas posiciones, sin embargo, sí que se elegían por votación: es el caso de los funcionarios encargados de las finanzas públicas. Para este puesto se buscaba de forma preferente a ciudadanos ricos, ya que contaba con la garantía de que cualquier desfalco o malversación de las cuentas públicas que se perpetrase se podría recuperar confiscando el patrimonio personal del funcionario responsable.

EL NACIMIENTO DE LA OPINIÓN PÚBLICA

Al igual que ocurre en la actualidad, los votos de los ciudadanos en la Asamblea estaban condicionados por lo que hoy llamamos opinión pública. Había oradores expertos quienes, apoyándose en sus particulares conocimientos, tomaban la palabra en las reuniones de los ciudadanos y trataban de convencerlos o seducirlos con el discurso, para que votaran en un sentido u otro. Uno de los oradores más famosos de la Atenas clásica fue Demóstenes, quien tuvo la osadía de oponerse al mismísimo Alejandro Magno.

EL ORGIEN DE LA DEMOCRACIA

Además de los oradores políticos, en Atenas era habitual que los cómicos y dramaturgos abordaran los asuntos políticos con un tono satírico, haciendo bromas muy en serio. Y, como ocurre hoy, también sus obras ejercieron una gran influencia sobre la opinión pública de la ciudad.

Aristóteles clasificó los sistemas de gobierno en tres modelos: la monarquía, o gobierno de uno solo; la aristocracia, o gobierno de unos pocos, y la democracia, o gobierno de todos. Cada sistema tenía su perversión: la monarquía podía devenir en tiranía, la aristocracia, en oligarquía y la democracia, en demagogia.

Si los ciudadanos gobernaban, ¿qué hacían los magistrados?

Aunque los ciudadanos decidían en la Asamblea, las labores diarias de administración las llevaban a cabo los magistrados. En la democracia ateniense se elegían alrededor de 1 100 magistrados, en su mayoría por sorteo. De ellos, 500 eran miembros del Consejo, pero los otros 600 tenían encomendadas funciones de administración directa. Para ser magistrado no era necesario tener ningún conocimiento concreto, cualquier ciudadano podía postularse. Los magistrados trabajaban en equipos y se consideraba que los que sabían menos podrían aprender de los más expertos. Los puestos de magistrado se elegían por un periodo de un año. Cada ciudadano podía ser magistrado solo una vez en la vida.

¿También se elegía por sorteo a los generales que hacían la guerra?

No, los generales encargados de ejercer el poder militar se elegían por votación entre aquellos ciudadanos que tenían armas, conocimiento y la capacidad económica de aportar hombres al ejército. Se elegían 10 generales en Atenas, uno por cada tribu, y cada uno de ellos recibía el nombre de *strategos*. Su mandato duraba un año, pero en este caso podían ser reelegidos sin límite de mandatos. En teoría, cada *strategos* comandaba a los soldados enviados por su propia tribu. Sin embargo, la Asamblea solía conferir el mando máximo a uno solo de estos generales, para evitar discusiones estratégicas en el campo de batalla. El *strategos* gozaba de una gran autonomía porque debía tomar decisiones cruciales mientras se encontraba lejos de Atenas. Este privilegio conllevaba una gran responsabilidad, pues si las órdenes del *strategos* resultaban incorrectas, la Asamblea podría deponerlo o, incluso, ejecutarlo.

02 Si tenían esclavos, ¿cómo podían ser una democracia?

En la democracia griega solo tenían derechos los ciudadanos varones.

La democracia ateniense dividía su sociedad en ciudadanos, extranjeros y esclavos. Los derechos políticos se limitaban a los ciudadanos varones que hubiesen culminado el entrenamiento militar.

La democracia directa ateniense se basa en el concepto de ciudadanía, ya que solo los ciudadanos atenienses ejercían el poder político. Estos eran en realidad una minoría.

Los ciudadanos atenienses se repartían en 10 tribus. Se consideraba que cada una de ellas había sido fundada por un héroe mítico. Por poner algún ejemplo, la tribu egea había sido fundada por el rey Egeo, y la tribu antioquea por el hijo de Heracles, Antíoco.

Como norma general, los ciudadanos tenían que ser hijos de padre y madre atenienses. Sin embargo, la Asamblea podía conceder la ciudadanía a individuos o grupos determinados por motivos políticos o como reconocimiento a los servicios prestados a la ciudad.

En la Grecia clásica las mujeres no tenían derechos políticos. Se las consideraba semejantes a los menores de edad, y por tanto, durante toda su vida se encontraban sometidas a la autoridad de un tutor: su padre, su esposo o el pariente varón más cercano.

El destino vital de la mujer griega era el matrimonio. Las jóvenes se casaban entre los 15 y los 18 años. El divorcio era una opción legal, pero si la mujer lo quería ejercer era su padre o su hermano quien debía llevar a cabo el proceso. Las esposas estaban sometidas a un estricto deber de fidelidad. El adulterio femenino era castigado con dureza por las leyes y la reprobación social. Por el contrario, se permitía que los hombres disfrutaran de tantas concubinas o amantes varones como quisieran.

Las mujeres griegas se mantenían al margen de la vida política de la ciudad y su actividad se circunscribía al ámbito doméstico.

EL DESARROLLO DE ATENAS SIN ESCLAVOS

No hubiera funcionado sin esclavos, porque la esclavitud en Grecia era la base de su sistema económico. Sobre ellos recaían las labores de producción. Había dos vías principales para convertirse en esclavo: la guerra y la piratería. El primer grupo lo formaban los habitantes de una región, reino o ciudad que hubiera sido derrotado por Atenas en una contienda bélica. El segundo grupo estaba conformado por aquellas personas que habían sufrido un secuestro por parte de piratas en el mar, o forajidos en tierra, sin que nadie hubiera pagado un rescate para liberarlas. Pasado un tiempo, los piratas vendían a los cautivos en las ferias de esclavos, muy numerosas en el mundo mediterráneo. La sangre también determinaba el acceso a esta clase social: los hijos de esclavos eran también esclavos. El acceso a la libertad de un esclavo estaba regulado en Atenas. El amo gozaba de la potestad de liberarlo en cualquier momento. El redimido pasaba a convertirse en una suerte de meteco.

En su momento de mayor gloria, se calcula que en Atenas vivían cerca de 300000 personas, entre ciudadanos, extranjeros y esclavos. De todas ellas solo unas 30000 eran consideradas ciudadanos con plenas facultades, y poseedores del derecho a participar en la Asamblea.

¿Quiénes son los idiotas?

El insulto moderno «idiota» procede del griego y significa, literalmente, «persona desprovista de habilidades». En la antigua Atenas se llamaba idiota al ciudadano que no tenía interés en la política.

La política en la Grecia clásica se consideraba como la más noble de las ocupaciones. Todo ciudadano tenía el deber de participar en los asuntos públicos. La actividad política era voluntaria, pero se esperaba que los ciudadanos ejercieran alguna de las magistraturas públicas al menos una vez en la vida. Aquellos que no lo hacían eran señalados y su desinterés les acarreaba profundas consecuencias sociales y económicas.

La participación en la Asamblea, sin embargo, era muy variable. Rara vez participaban en una reunión concreta todos los ciudadanos. Esta circunstancia podía inducir a los magistrados a intentar aprovechar la escasa asistencia a una reunión para manejar a la Asamblea y hacer que esta apoyara determinadas decisiones. Por este motivo se implantó el sistema del quórum. Para que la Asamblea estuviera constituida de forma válida se exigía la presencia de al menos 6 000 ciudadanos. Esta medida garantizaba que todas las opiniones fueran escuchadas y estuvieran representadas en el debate, al tiempo que alejaba el fantasma de la manipulación sobre los miembros de la Asamblea.

Y los extranjeros ¿tenían derechos?

Sí, pero pocos. Los extranjeros residentes en Atenas recibían el nombre de metecos. Su consideración social era compleja: no eran esclavos, pero no tenían derecho a participar en los asuntos políticos de la ciudad. Los metecos tenían prohibido poseer tierras y debían contar con un ciudadano que actuara a modo de protector. Sin embargo, los extranjeros sí estaban sujetos a impuestos y, en ocasiones, debían prestar servicios militares a la ciudad.

03 Y el imperio de Alejandro Magno, ¿era una democracia?

No, en la Grecia clásica la democracia convivía con otros sistemas.

Cuando conquistó la península helénica, así como la mayor parte del mundo entonces conocido, puso fin a la democracia ateniense y la sustituyó por la monarquía helenística.

En su sistema político el rey tenía un poder absoluto y era considerado un dios. El término «democracia griega» hace referencia a la democracia ateniense, pero a lo largo de la historia hubo otras ciudades-estado en la Hélade que también adoptaron formas de gobierno democráticas, pero fueron experiencias puntuales; solo Atenas, la creadora del sistema, lo mantuvo vigente varios siglos.

Esparta era una de las *polis* griegas más importantes. Su fortaleza militar la convirtió en rival y eterna enemiga de Atenas. Los espartanos tenían un sistema político que combinaba elementos de la monarquía, de la aristocracia y de la democracia. Esparta contaba con una constitución, llamada la Gran Retra, que regía la vida pública de la ciudad. Existía una Asamblea que congregaba a todos los ciudadanos, pero tenía un poder muy limitado. Se aplicaba el principio de la *eunomia*, que decretaba la igualdad de todos ante de la ley, aunque con una particularidad: estaba basada en el sacrificio por el bien común.

El mítico imperio de Alejandro Magno se regía bajo una monarquía personal no hereditaria. Este matiz permitía, en teoría, que cualquier ciudadano llegara

a ser rey. La elección se basaba en los méritos personales y en las victorias militares. Alejandro heredó el trono de su padre, Filipo, pero a su muerte le sucedió uno de sus generales, Ptolomeo. En el imperio Alejandrino la Asamblea ateniense continuó integrada por todos los ciudadanos pero vio mermadas sus facultades a un mero carácter consultivo. El órgano de mayor poder fue el Consejo restringido, formado por generales y notables, que asesoraba al rey.

EL HELENISMO, ÉPOCA ILUSTRADA

La conquista de Alejandro Magno llevó la cultura griega a la mayor parte del mundo conocido. En cada nuevo territorio conquistado el legado helenístico se mezcló con las culturas autóctonas, dando lugar a una importante eclosión cultural. Desde los diferentes gobiernos se favoreció el estudio de las artes y de las ciencias. Como resultado de esta labor el acceso a la cultura se popularizó.

La conquista de Alejandro Magno en el siglo IV a. C. se considera el fin del sistema democrático en Atenas. Sin embargo, el acervo político alcanzado hasta entonces se extendió junto a la enorme expansión cultural del imperio helenístico. Fue una siembra cuyas semillas democráticas llegaron a puntos alejados del mundo antiguo, como, por ejemplo, la ciudad de Roma.

¿Quiénes eran los ilotas?

Con ese nombre se conocían en la antigua Esparta a los siervos públicos propiedad del Estado que tenían como misión cultivar la tierra. Los ilotas no encajaban en la definición de esclavos puesto que no eran propiedad privada de nadie y no podían ser objeto de comercio. Estaban ligados a la tierra, de una forma similar a la de los siervos de la Edad Media. Una vez pagados los altísimos impuestos al Estado tenían derecho a quedarse con los frutos de su trabajo. Al igual que Atenas funcionaba gracias al trabajo de los esclavos, Esparta lo hacía gracias a la labor de los ilotas.

En la Europa del siglo XIX, en plena efervescencia democrática, muchos pensadores se preguntaron quiénes iban a ser los ilotas en el nuevo sistema liberal que germinaba en el Viejo Continente.

Las mujeres en la época helenística

El imperio de Alejandro Magno eliminó gran parte de las instituciones democráticas atenienses pero propició cambios sociales que mejoraron la situación de la mujer. La mayor diferencia entre las épocas clásica y helenística fue que con la llegada de Alejandro Magno las mujeres pudieron ser ciudadanas y gozaron de derechos políticos y civiles. Su papel siguió siendo inferior al de los varones, pero les fue posible realizar actividades económicas por su cuenta y pudieron involucrarse en los asuntos públicos.

Este cambio de actitud afectó a todas las clases sociales. Las reinas adquirieron un papel político destacado en la corte helénica. Las mujeres de otras clases sociales, en especial la burguesía y la baja nobleza, también gozaron de más derechos que las de épocas anteriores.

04 Y Roma, ¿era una democracia?

No. Convivían tres sistemas políticos: monarquía, oligarquía y democracia.

La Constitución de la República romana se basaba en el equilibrio de poder entre los magistrados electos, los comicios formados por el pueblo y el Senado. Este equilibrio se resumía en la máxima «Senatus populusque romanus».

La República romana no era una democracia, sino un sistema diseñado para guardar el equilibrio entre las distintas clases sociales y especialmente entre los llamados patricios, la nobleza republicana, y los plebeyos.

Cuando en Roma se abolió la monarquía, la figura del rey se sustituyó por dos magistrados electos que recibían el nombre de cónsules. Había además otros magistrados de menor categoría que también ejercían el poder público en determinadas áreas: se trataba de los cuestores, los ediles, los pretores y los censores. Por regla general, los magistrados eran elegidos por un periodo de un año. Para poder acceder a los cargos de mayor relevancia un ciudadano tenía que haber desempeñado antes los puestos menos importantes; esta especie de ascenso en el escalafón se conocía como el *cursus honorum*.

El Senado se consideraba la institución de gobierno más importante de Roma. Estaba compuesto por los cabezas de familia patricios y por todos aquellos que habían ostentado magistraturas en el pasado. Su número rondaba los 300. Las leyes romanas otorgaban al Senado un poder meramente consultivo, pero lo cierto es que gozaban de una gran influencia debido a lo que los romanos llamaban *auctoritas*: la autoridad moral de las personas que lo conformaban. El pueblo romano era el encargado de aprobar las leyes a través de los comicios; es decir, las distintas asambleas de la República. Los comicios se organizaban por tribus y por centurias. Más adelante se añadió una nueva categoría, la de los plebeyos, a la que se dotó de amplias prerrogativas.

En Roma el poder religioso jugaba un importante papel en la vida social y política del Estado. Los sacerdotes, augures y pontífices tenían la misión de averiguar si los dioses estaban o no conformes con las decisiones de los órganos de gobierno. Si se dictaminaba que los dioses no estaban de acuerdo, podía llegar a anularse una decisión tomada por cualquiera de las instancias legislativas y ejecutivas.

¿Es verdad que los romanos inventaron la dictadura?

Sí, pero la dictadura en Roma tenía una duración máxima de seis meses y solo se establecía en momentos de emergencia. El dictador debía ser un magistrado de la República romana. Era nombrado por el Senado en momentos concretos, cuando se consideraba que la República estaba amenazada. El decreto de su nombramiento le otorgaba plenos poderes. El Senado recurrió en muchas ocasiones al nombramiento de dictadores en situaciones turbulentas. El concentrar la toma de decisiones en una única persona durante un corto espacio tiempo resultó, en la mayoría de los casos, un gran éxito. Una vez vencida la vigencia del decreto, el dictador regresaba a sus labores normales y las instituciones ordinarias asumían el gobierno de la República.

LOS TRIBUNOS DE LA PLEBE

Los miembros del Senado y la mayor parte de los magistrados procedían de familias patricias. Para contrarrestar el poder de esta clase social los plebeyos reclamaron una mayor presencia en las instituciones. Con ese motivo surgió la figura del *tribuno de la plebe,* una suerte de magistrado especial que tenía que ser plebeyo y que se encargaba de coordinar las reuniones de las asambleas de la plebe. Los tribunos de la plebe gozaron de un enorme poder, ya que las decisiones de la asamblea plebeya eran obligatorias y podían situarse incluso por encima de las del propio Senado. Los tribunos de la plebe llegaron a alcanzar enormes cotas de poder gracias a su derecho de veto sobre cualquier decisión del resto de órganos de la República.

CAUSAS DEL FIN DE LA REPÚBLICA ROMANA

La historia de la República romana estuvo marcada por dos factores principales: la lucha entre patricios y plebeyos y la expansión y conquista de territorios extranjeros.

Cayo Julio César fue un hombre de origen patricio que además de desempeñar diversas magistraturas siguió una brillante carrera militar en la que cosechó grandes victorias para Roma. César utilizó la popularidad que le otorgaron estas victorias para conseguir que tanto el Senado como las asambleas plebeyas le permitieran acumular poderes cada vez mayores. Llegó a ser tan poderoso que se extendió el rumor de que deseaba terminar con la República, reinstaurar la monarquía y ser coronado rey de Roma. Esta presunta ambición fue el origen de su asesinato.

Su sucesor fue Augusto. En lugar de retornar a las formas republicanas tradicionales, basadas en la división de poderes, prefirió seguir el ejemplo de César y acumular todas las potestades y cargos en su persona. Augusto dio el paso definitivo y se nombró emperador. De esta forma, se produjo la transición de la República al Imperio en la antigua Roma.

Durante los tiempos de la República romana vivieron algunos de los políticos más importantes de la historia de la humanidad. Aunque han pasado los siglos, aún se mantiene el recuerdo de figuras como Mario, Sila, Pompeyo o Julio César.

05 ¿Ha habido antes otros experimentos democráticos?

Sí. La mayoría de los procedimientos e instituciones democráticas en vigencia tienen su origen en la Antigüedad.

Hubo experimentos democráticos en lugares tan distantes como la India, Mesopotamia, las repúblicas italianas durante la Edad Media o las naciones nativas americanas.

En la Mesopotamia primitiva, anterior a la época de los grandes reyes como Hammurabi, hubo algunas instituciones basadas en el poder popular que se han calificado de predemocráticas. Hay evidencias de que los antiguos sumerios contaban con un consejo en el cual participaban los varones en edad de portar armas así como los ancianos. Este consejo era el depositario último del poder político y se trataba de la instancia que tenía que autorizar las decisiones que tomaba el monarca.

También en la antigua India existen evidencias de instituciones que podrían calificarse de predemocráticas. A partir del siglo vi a. C. hubo territorios semejantes a las ciudades-estado que recibían en nombre de *ganás* y *shangas*. En ambos casos el monarca electivo convivía con una asamblea en la que podían participar todos

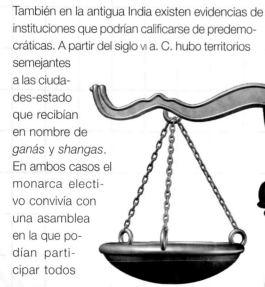

los ciudadanos del sexo masculino. No hay evidencia clara de cuáles eran los poderes de esta asamblea, pero parece que podían dar instrucciones a algunos magistrados o, incluso, opinar en la elección de los reyes.

Los nativos de América del Norte también tuvieron algunas prácticas que podrían considerarse cercanas a la democracia. Según algunos historiadores, la constitución de la Confederación iroquesa, conocida como Gran Ley de la Paz, presenta claros ideales democráticos y regula el funcionamiento de un gran Consejo en el que todas las tribus estaban representadas. De acuerdo con estos historiadores, la Gran Ley de la Paz pudo haber inspirado a Benjamín Franklin a la hora de redactar la Constitución de los Estados Unidos de América.

EL SISTEMA DE LOS *TUATHA* EN IRLANDA

En los pueblos medievales de Irlanda existían unas asambleas conocidas como *tuatha*, que significa «pueblo» o «gente». Participaban en ellas los propietarios de tierras y los maestros artesanos. Estas asambleas tenían la potestad de deliberar sobre todos los asuntos públicos, declarar la guerra y elegir al nuevo rey.

Los ibadíes, una secta musulmana diferente a los suníes y a los chiíes, tienen la costumbre a elegir a sus líderes mediante sufragio. Esta costumbre se remonta al siglo VIII y se basa en la idea de que el gobernante necesita ser aceptado por los gobernados.

Las repúblicas italianas de la Edad Media, ¿eran democracias?

No, más bien se trataba de oligarquías, pero su ejemplo fue muy importante para el desarrollo posterior de la democracia. Las repúblicas medievales de Venecia y Florencia, así como otras similares en Suiza y en la Liga Hanseática, tenían un sistema mixto que en cierta forma recuerda al de la República romana. En Venecia, el Dogo era un monarca electivo, cuyo poder estaba limitado por la existencia de un Senado y un Consejo. En ese Consejo solo estaban representadas las familias patricias, lo que impide considerarlo como una institución realmente democrática y representativa del conjunto de la sociedad.

El primer Parlamento representativo del mundo estuvo en España

Se considera que las Cortes de León de 1188 fueron el primer Parlamento representativo del mundo, con participación de todos los estamentos sociales.

Estas Cortes fueron convocadas por el rey Alfonso IX de León. Poco después de acceder al trono, se vio obligado a convocar una institución medieval llamada la Curia Real, en la cual estaban representados los nobles y los obispos. Sin embargo, al comprobar que su reinado requería una base más amplia de apoyo, decidió incluir también en las Cortes a representantes de las clases medias de las principales ciudades del reino. Así nació el primer Parlamento del mundo, con competencias en materias muy diversas, como la propiedad privada, la justicia o la guerra.

06 ¿Cómo hemos llegado a la democracia actual?

Se trata de un largo camino con más de 500 años de historia.

La democracia es una confluencia de ideas que surgieron en la Ilustración dieciochesca e instituciones propias del parlamentarismo.

Agrupa influencias tan diversas como el liberalismo, los movimientos obreros o el nacionalismo, aunque es difícil establecer un punto de arranque para la democracia moderna, muchos historiadores coinciden en que hay que remontarse a la Ilustración. Esta surgió en los siglos XVII y XVIII como un movimiento filosófico que confiaba en la razón y el conocimiento para derrotar a la ignorancia, la superstición y la tiranía con el objetivo de construir un mundo mejor. Durante el tiempo de la Ilustración, que se considera revolucionario, surgieron conceptos novedosos, como el contrato social, el cual sostiene que los gobernantes deben gozar del consentimiento de los gobernados.

Desde una perspectiva política, se puede decir que la Revolución Gloriosa de 1688 en Inglaterra supuso el punto de partida para la instauración de la democracia en el mundo occidental. De esta revolución surgió la famosa *Bill of Rights,* la primera declaración de derechos de la historia, en la que se establecen los límites del poder del rey frente al Parlamento.

La era de las revoluciones continuó con la Declaración de Independencia de los Estados Unidos de América. De la Revolución americana surgieron dos documentos que han marcado la historia. En primer lugar, la Declaración de Derechos de Virginia, que asegura que

todos los seres humanos son por naturaleza igualmente libres e independientes, y gozan de ciertos derechos inherentes. Y, segundo, la Constitución de los Estados Unidos de América, que a día de hoy es la Constitución escrita y en vigor más antigua del mundo.

La Revolución francesa de 1789 consolidó las nuevas ideas revolucionarias en Europa, puso fin al absolutismo monárquico y consagró los principios de *liberté, égalité* y *fraternité*.

Los historiadores hablan de tres grandes «oleadas democratizadoras» en el siglo XX: una tras la Primera Guerra Mundial, otra al finalizar la Segunda Guerra Mundial y una tercera tras la caída del Muro de Berlín.

La Libertad Dorada

La Libertad Dorada, también conocida como la Democracia de los Nobles, fue un sistema político único que imperó en Polonia y Lituania en el siglo XVI. Bajo este sistema, los nobles que gobernaban pequeños territorios, eran iguales entre sí. Ellos conformaban el Parlamento y tenían el poder de controlar al rey. La Libertad Dorada no fue un sistema democrático propiamente dicho, sino más bien una aristocracia en la cual los nobles ostentaban el poder, pero se considera un importante antecedente de los sistemas parlamentarios actuales.

¿Hizo falta una revolución para implantar la democracia?

El camino hacia la democracia ha pasado por innumerables revoluciones. Las primeras fueron la Revolución Gloriosa en Inglaterra, la Revolución americana y la Revolución francesa. Pero no hay que olvidar las revoluciones europeas en 1820, 1830 y 1848, así como las independencias de todos los Estados iberoamericanos frente a la Corona española a principios del siglo XIX. Habría que considerar también revoluciones socialistas o comunistas como la Revolución rusa de 1917 o, en una época mucho más reciente, la Revolución de los Claveles en Portugal, en el último cuarto del siglo XX, o la Primavera Árabe, en la segunda década del siglo XXI.

El voto femenino

Durante la mayor parte de la historia las mujeres no han visto reconocidos sus derechos políticos. Hasta el siglo XX, el voto femenino no era una norma, ni siquiera en los países más democráticos. El primer país del mundo donde las mujeres pudieron votar fue Suecia, en 1719, pero solo para las mujeres que eran miembros de los gremios de las ciudades y pagaban impuestos. En el Reino Unido el proceso sufragista arrancó en 1869. En Estados Unidos hubo que esperar a la Decimonovena Enmienda a la Constitución, de 1920. Ecuador incluyó el voto de la mujer en la Constitución de 1929. En España la primera vez que se otorgó el sufragio a las mujeres fue en la Constitución de 1931, durante la Segunda República.

07 ¿Todos los países del mundo son Estados?

Sí y se caracterizan por tener un territorio, una población y un gobierno.

Actualmente, la práctica totalidad de las tierras emergidas de nuestro planeta están divididas en Estados.

El territorio se considera la base física del Estado. Incluye una zona continental, así como islas e islotes, y lo que se denominan aguas interiores: ríos, lagos, embalses, etc. El espacio aéreo también es parte del territorio del Estado. Por esta razón, cuando un avión de un país determinado desea sobrevolar el espacio aéreo de otro país necesita contar con su autorización.

La población es el grupo de personas sobre las que el Estado ejerce su soberanía. El vínculo que une a la población se llama ciudadanía o nacionalidad. El Estado ejerce su potestad sobre sus nacionales incluso cuando estos se hallan más allá de sus fronteras. Un español, por ejemplo, puede tener que pagar impuestos en España incluso aunque viva en otro país. El Estado también ejerce autoridad sobre los extranjeros que viven dentro de sus fronteras. Por último, el gobierno es la característica por la cual un territorio, para ser considerado un Estado ha de tener algún tipo de organización política efectiva. En derecho internacional se habla del criterio de efectividad: así, en los casos de disputa entre dos Estados, para averiguar a cuál pertenece un determinado territorio primará el que ejerza un dominio efectivo sobre el mismo.

DEFINIENDO EL CONCEPTO DE FRONTERA

Las fronteras son líneas imaginarias que marcan los límites de la soberanía territorial de un Estado. Hoy estas líneas se han convertido más bien

un plano vertical que se extiende desde el suelo hacia el interior, hasta el centro de la tierra, y hacia arriba, atravesando la atmósfera hasta llegar al espacio exterior.

La mayoría de las fronteras se han creado a partir de tratados internacionales que los Estados han ido firmando a lo largo de los siglos. Aunque dichos tratados ya no estén en vigor, se considera que las fronteras tienen autonomía, salvo en casos de litigio, y sobreviven a los pactos y a los líderes políticos que las crearon.

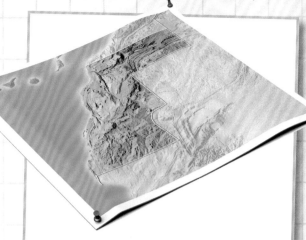

El Sahara Occidental es uno de los pocos territorios del planeta que, hoy por hoy, no pertenece a ningún Estado. En 1975 España descolonizó el Sahara, pero todavía existe una disputa sobre si formará un Estado independiente o pasará a formar parte de Marruecos.

Y el océano, ¿a quién pertenece?

El océano, llamado alta mar, está abierto a todos los Estados y no pertenece a ninguno de ellos. Algunas partes del océano, como los fondos marinos, han sido declarados patrimonio común de la humanidad.

En alta mar rige el principio de libertad. Esto significa que los barcos de todos los Estados pueden navegar sin necesidad de autorización. También hay libertad para explotar los recursos naturales como la pesca y la minería de este entorno.

Las convenciones internacionales se han ocupado de prohibir actos como la piratería o el tráfico de esclavos en alta mar.

El espacio ultraterrestre

El espacio que hay más allá de la atmósfera terrestre, incluidos los cuerpos astronómicos como el Sol y los demás planetas, se considera patrimonio común de la humanidad. Esto significa que ningún Estado puede establecer una colonia en la Luna, ni reclamar el territorio de ningún planeta.

Hay otras zonas que gozan de un régimen similar, como, por ejemplo, la Antártida. Aunque varios Estados han reclamado su soberanía sobre el continente helado, hoy por hoy el derecho internacional considera que el Polo Sur es una zona libre para la investigación científica, no sujeta a ningún Estado.

08

¿Los Estados han existido siempre?

No. El Estado soberano nace en 1648 con la Paz de Westfalia.

Una de las características del Estado es que es el sujeto por excelencia del derecho internacional. Esto significa que tiene derechos y obligaciones en la comunidad internacional.

De la misma forma, este se debe a la comunidad internacional. La organización política del mundo ha ido cambiando a lo largo de la historia. Antiguamente la humanidad se dividía en tribus nómadas que transitaban de un territorio a otro cazando y recolectando. Posteriormente surgieron los imperios, como el egipcio o el romano, en los cuales ni el territorio, ni la población, ni el Gobierno estaban claramente definidos. En Europa, durante la Edad Media, los territorios pertenecían a los nobles y a los reyes, mientras el resto de las personas eran consideradas simples siervos. Había dos poderes supremos, el Papa y el Emperador, y los demás soberanos estaban sometidos a ellos.

La Paz de Westfalia puso fin a la Guerra de los Treinta Años. Por primera vez se consideró que el mundo estaba compuesto por una yuxtaposición de Estados soberanos, todos iguales entre ellos, sin importar si eran grandes o pequeños, más o menos poderosos.

El concepto de nación llegó más tarde, durante el romanticismo alemán, como una comunidad humana que comparte unos vínculos históricos, lingüísticos y culturales. Fue con la Revolución francesa cuando se consideró que los Estados y las naciones podían combinarse para crear el Estado-nación, aunque siempre ha habido Estados que han aglutinado a varias naciones. Esta evolución de los Estados

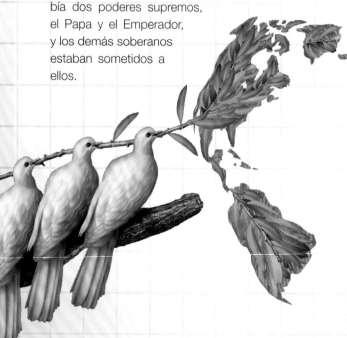

contrastaba con la existencia de colonias en África, Asia y América. Muchos de los territorios de la Tierra no eran autónomos ni independientes. Con la descolonización, durante la segunda mitad del siglo XX, la inmensa mayoría del Planeta terminó de dividirse en Estados-nación soberanos e independientes.

ALGUNAS EXCEPCIONES

En la actualidad aún existen algunos territorios no autónomos, que dependen de otro Estado. Se trata de las antiguas colonias. Con la descolonización, que tuvo lugar en la segunda mitad del siglo XX, la mayoría de las colonias se convirtieron en Estados soberanos.

Todavía existen algunos casos, como el de Gibraltar, de territorios que siguen dependiendo de sus antiguas metrópolis, aunque ya no reciben el nombre de colonias.

Cuando un Estado desaparece para dar lugar a otro, el nuevo Estado hereda sus derechos y obligaciones internacionales.

¿Los Estados pueden desaparecer?

Sí. A lo largo de la historia, algunos Estados han desaparecido, pero siempre ha surgido otros que han ocupado su lugar. Un Estado puede desaparecer porque se fragmente en varios Estados más pequeños. Fue el caso de la Unión Soviética, que se dividió en una serie de repúblicas. Lo mismo ocurrió en los casos de Yugoslavia o el Imperio otomano. También es posible que dos o más Estados desaparezcan porque se fusionen en un único Estado. Fue el caso de las repúblicas y reinos que existían en la península itálica, que a lo largo del siglo XIX se fueron uniendo hasta dar lugar a la actual Italia.

Características de la Santa Sede como Estado

La Santa Sede es un sujeto de derecho internacional por razones históricas, pues su existencia se remonta a la Edad Media, aunque el Estado de la Ciudad del Vaticano se creó con el Tratado de Letrán en 1929. Existen otros actores de la misma naturaleza, como la Soberana Orden de Malta, que también se considera un sujeto de derecho internacional pese a no ser un Estado. La principal diferencia es que la Santa Sede cuenta con su propio territorio, el Estado de la Ciudad del Vaticano, que sí es un Estado con todas sus características propias. Y al mismo tiempo, la Santa Sede es el órgano de Gobierno de una confesión religiosa, la Iglesia Católica. Por tanto, se dice que la Santa Sede es, a un mismo tiempo, una organización religiosa, un sujeto histórico y un Estado.

09 ¿Qué es la soberanía del Estado? ¿Quién la ejerce?

Soberanía significa independencia y puede pertenecer al Rey, a un grupo de aristócratas y privilegiados, o al pueblo.

La esencia del Estado es la soberanía, que equivale a independencia. Con ella se ejercen las funciones estatales, impidiendo que otro Estado lo haga sobre ese territorio en cuestión.

El principio de soberanía significa que los Estados son autónomos e independientes. No reconocen ninguna autoridad superior a la de ellos mismos. Este es el principio básico del derecho internacional clásico. En el mundo contemporáneo la soberanía del Estado ya no es absoluta. Existen algunas normas de derecho internacional que son obligatorias para todos los Estados. Estas normas se sitúan por encima de su soberanía: por ejemplo, los derechos humanos, o el derecho humanitario, que se aplica en casos de conflictos armados. Los Estados del siglo XXI comparten competencias con organismos supranacionales (como es el caso de la Unión Europea o la Organización de Estados Americanos) y con entes subestatales (como las comunidades autónomas en España o los estados en México), por lo que los politólogos afirman que la soberanía ya no es absoluta. Pero, dentro de un Estado, ¿quién tiene la soberanía? Eso depende del sistema de gobierno. En una monarquía absoluta –como, por ejemplo, la Francia de Luis XIV, el Rey

Sol– la soberanía la ostentaba el rey. En los regímenes liberales del siglo XIX era habitual que la soberanía la compartieran el Parlamento y el rey. Hoy en día en los Estados democráticos la soberanía pertenece al pueblo.

RECONOCIMIENTO DE ESTADOS

En la sociedad internacional, para que un Estado exista tienen que reconocerlo los otros Estados. Si esto no ocurre no puede ejercer sus derechos ni se le van a reclamar sus obligaciones.

En el presente es algo excepcional que haya que reconocer un Estado porque la mayoría de los Estados ya existen y han existido desde hace tiempo, por lo que no es necesario reconocerlos. Al surgir un nuevo Estado se plantea la cuestión política de si los otros

países van a querer o no reconocer su existencia. Así ocurre, por ejemplo, con Palestina: algunos países del mundo lo reconocen como Estado y otros no.

RECONOCIMIENTO DE GOBIERNOS

El reconocimiento de Gobiernos es algo distinto al reconocimiento de Estados. En este caso, se produce cuando ha habido un cambio en el régimen político de un país o bien una alteración importante de sus normas constitucionales; por ejemplo, un golpe de Estado o una revolución. Los otros países se ven en la disyuntiva de decidir si reconocen al nuevo Gobierno como legítimo o no.

Si un Estado decide no reconocer al Gobierno de otro Estado no podrá mantener relaciones diplomáticas con él.

La sociedad internacional actual considera que los Estados tienen la obligación de no interferir en los asuntos internos de otro Estado. Pero, cada vez con mayor frecuencia, se invoca la excepción a este principio cuando un Estado está violando sistemáticamente los derechos humanos de sus ciudadanos.

Representación del Estado

Hay tres personas que tienen la capacidad de representar al Estado: el jefe de Estado (ya sea un presidente de la República o un rey), el jefe de Gobierno y el ministro de Asuntos Exteriores. Además, un Estado puede decidir qué otros miembros del Gobierno tengan esta misma facultad, por ejemplo un vicepresidente.

Los Estados se relacionan entre sí a través de las misiones diplomáticas. Los diplomáticos representan al Estado que les envía en el territorio de otro en el que están acreditados. Pero solo ahí, no en los demás países del mundo.

10 ¿Cuáles son los símbolos del Estado?

La bandera, el escudo y el himno son los símbolos más habituales.

Los símbolos nacionales están relacionados con la geografía, la historia del país y con los valores que este representa.

Los símbolos de un Estado suelen estar recogidos en su Constitución, o bien en las leyes del país. Su origen suele remontarse al momento de su creación o de su independencia, aunque pueden sufrir transformaciones cuando tienen lugar grandes cambios en el sistema político.

La bandera es uno de los símbolos más habituales. Todos los países del mundo poseen una. El origen de las banderas se remonta a los estandartes que utilizaban las legiones romanas, y fueron evolucionando hasta la época de las Cruzadas, cuando se les dio su forma actual. La primera bandera que se utilizó como emblema nacional fue la de Dinamarca, creada en el siglo XIV. La mayoría de las banderas actuales datan del siglo XIX, cuando casi todos los Estados europeos establecieron las suyas y los países de América Latina accedieron a la independencia.

El escudo nacional es otro de los símbolos del Estado y puede adoptar distintas formas. Los países con una tradición heráldica, relacionada con monarquías o linajes reales, poseen blasones complejos en los cuales conviven elementos históricos como animales reales o fantásticos, símbolos nobiliarios, coronas, yelmos y emblemas. Es el caso del escudo

de España o de muchos países latinoamericanos, como Colombia o Perú. En otros casos se adoptan escudos más sencillos que incorporan elementos alusivos a la historia más reciente del país pero no a los linajes de sus fundadores, como es el caso de México. En los países asiáticos los escudos son símbolos sencillos, como el sol en el caso de Japón o de Taiwán.

Los himnos nacionales se popularizaron como emblemas del Estado en el siglo XIX, pero muchos de ellos tienen un origen anterior. El más antiguo del mundo es el de los Países Bajos, que fue compuesto en el siglo XVI. Los himnos de España, Reino Unido y Francia datan del siglo XVIII, y los latinoamericanos fueron en su mayoría compuestos en el siglo XIX.

HIMNO VATICANO

El himno y marcha pontificia se adoptó en 1949. La pieza fue creada por el célebre compositor francés Charles Gounod. El Vaticano es un Estado como los demás y por eso cuenta con himno, escudo y bandera propios.

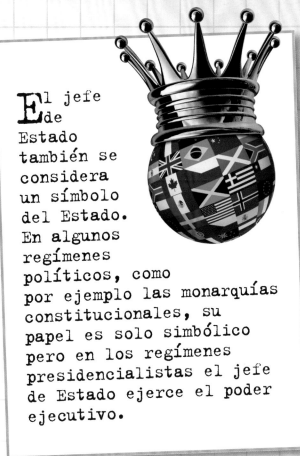

El jefe de Estado también se considera un símbolo del Estado. En algunos regímenes políticos, como por ejemplo las monarquías constitucionales, su papel es solo simbólico pero en los regímenes presidencialistas el jefe de Estado ejerce el poder ejecutivo.

Significado de una bandera ondeando a media asta

Las banderas nacionales ondean a media asta en señal de luto. Cuando ocurre una catástrofe es habitual que el Gobierno decrete luto oficial y dé instrucciones para que las banderas de todas las instituciones oficiales ondeen a media asta durante un periodo de tiempo determinado. En el caso de banderas fijas o que no pueden moverse con facilidad es posible colocar un crespón negro como señal de luto en vez de colocarlas a media asta.

¿Son iguales el escudo de un país y el escudo del jefe de Estado?

No necesariamente. Muchos jefes de Estado, de manera especial si son monarcas, tienen su propio escudo, que procede de la tradición de su casa real o que eligen y diseñan en el momento de acceder al cargo. El Papa tiene su propio escudo, que se compone con elementos alusivos a su tierra de origen y al nombre que haya elegido para su pontificado. En el caso de España el escudo del rey es diferente al del país.

Los presidentes de la República suelen heredar los escudos de sus predecesores, aunque en ocasiones pueden introducir modificaciones alusivas a alguna ley importante o a un hito de su mandato.

11 El jefe de Estado, ¿gobierno ejecutivo o símbolo?

Depende del sistema político.

Los sistemas políticos se clasifican en función de cómo se elige al jefe de Estado, fundamentalmente en monarquías o repúblicas.

Todos los países del mundo poseen un jefe de Estado. En algunos sistemas políticos su papel es meramente simbólico, pero en otros casos tiene poder real además de ser la máxima autoridad del Estado. Con independencia de que su figura tenga un poder real o simbólico, el jefe de Estado suele tener atribuciones en las tres ramas del poder: ejecutivo, legislativo y judicial. Los jefes de Estado son frecuentemente la cabeza del poder ejecutivo. En las repúblicas, el presidente elige al Consejo de Ministros y puede dictar decretos u órdenes presidenciales. En las monarquías constitucionales, los miembros del Gobierno son «ministros del Rey». Los jefes de Estado también tienen potestades legislativas. Los monarcas constitucionales tienen la función simbólica de promulgar y sancionar las leyes. La mayoría de los presidentes de las Repúblicas tienen derecho de veto sobre las decisiones del Congreso o Parlamento. El poder judicial también depende en cierta medida del jefe de Estado. En las monarquías constitucionales la justicia se administra en nombre del rey. En muchas repúblicas presidencialistas, como Estados Unidos, al presidente le corresponde nombrar a los jueces del Tribunal Supremo. La mayoría de los jefes de Estado son también comandantes en jefe de las fuerzas armadas.

EL PODER DEL PRESIDENTE DE UNA REPÚBLICA

En el caso de que su país tenga un sistema presidencialista, como es el caso de la mayor parte de los países americanos, el presidente ejerce de manera efectiva el poder ejecutivo. Pero también hay Repúblicas parlamentarias, como Italia o Alemania, en las que el papel del presidente de la República es solo simbólico y protocolario. Existe también un caso intermedio entre ambos sistemas: las Repúblicas semipresidencialistas, como Francia, en la que el presidente elegido por el pueblo comparte poderes con el primer ministro, elegido por el Parlamento. La mayoría de los jefes de Estado actuales son presidentes de la República.

EL REY REINA, PERO ¿GOBIERNA?

En la actualidad existen 43 países en el mundo con un régimen monárquico. En la mayoría de ellos el monarca es una figura simbólica, sin poder real, que se limita a representar a la nación fuera y dentro de sus fronteras. Es el caso de la inmensa mayoría de las monarquías europeas, donde sí es cierta la famosa frase «El rey reina, pero no gobierna».

Existen algunos países del mundo donde el rey sigue teniendo algo de poder, pero lo comparte con las instituciones democráticas, como ocurre en Marruecos, Tailandia o incluso Mónaco. En algunos casos excepcionales, como Arabia Saudí y el Vaticano, el monarca tiene un poder absoluto.

¿Siguen existiendo teocracias?

Sí, aún existen países donde se cree que el poder del jefe de Estado proviene de Dios, lo cual los convierte en teocracias. Es el caso del Vaticano, ya que el Papa es elegido por el colegio cardenalicio por inspiración del Espíritu Santo. También en Arabia Saudí, donde la misión principal del rey es ser custodio de los Santos Lugares del Islam. En el Reino Unido la reina también es la cabeza de la Iglesia Anglicana.

Irán también es una teocracia. En este caso el Ayatolá, que es el sacerdote supremo, es también la figura equivalente al jefe de Estado.

La reina Isabel II de Inglaterra es la jefa de Estado que lleva más tiempo en su puesto. Accedió al trono en 1952. La sigue el sultán de Brunéi, que ocupa el trono desde 1967. Isabel II es la jefa de Estado del Reino Unido y de otros 15 países de la Commonwealth.

12 ¿Qué significa hoy democracia?

El pueblo elige a sus representantes mediante elecciones libres y periódicas.

La democracia se mide por grados, de modo que cada país muestra unos índices variables en el cumplimiento de los diferentes aspectos de este sistema político.

La democracia representativa rige hoy, de una forma u otra, en la mayoría de los Estados del planeta. Los países del mundo no se pueden dividir en democráticos y no democráticos. Se caracteriza por la presencia de una serie de elementos que la diferencian de otros sistemas políticos. El primero de ellos es el Estado de Derecho, que implica el imperio de la ley. En un Estado de Derecho las leyes son iguales para todos los ciudadanos, emanan de una autoridad que detenta el poder legislativo y su cumplimiento es controlado por los tribunales de justicia. Asimismo, existe un procedimiento para aprobar y derogar las leyes. El segundo elemento clave es la separación de poderes. En una democracia moderna existen tres poderes principales: el ejecutivo, el legislativo y el judicial. Estos poderes deben estar diferenciados para que puedan controlarse entre sí. En una democracia representativa los gobernantes son elegidos mediante sufragio universal directo, libre y secreto. En los sistemas parlamentarios, los ciudadanos eligen al Parlamento y es el Parlamento el que escoge al jefe de Gobierno. En los sistemas presidencialistas los ciudadanos eligen de forma directa tanto a los miembros del Parlamento como al presidente.

La existencia de elecciones por sí misma no implica el mayor grado de democracia. Es indispensable la existencia de un Estado de Derecho y una separación de poderes efectiva que garantice la independencia entre ellos.

EL MANDATO IMPERATIVO

En los primeros Parlamentos que existieron, durante la Edad Media, los diputados recibían instrucciones directas de las personas que los elegían; no podían actuar sin estas instrucciones. En las democracias actuales el mandato imperativo está prohibido. Esto significa que los ciudadanos eligen a sus representantes pero, una vez elegidos, estos gozan de libertad para actuar en conciencia, sin necesidad de pedir instrucciones ante cada votación en el parlamento. Si a los electores no les gusta cómo desempeñan su cargo los representantes que han elegido tienen la opción de no votarlos en las siguientes elecciones. En algunos países de América Latina, como por ejemplo en Venezuela, existe la opción de hacer un referéndum revocatorio para que los electores despojen del cargo a su representante antes de que acabe el mandato para el que fue elegido.

La revista «The Economist» elabora periódicamente un listado de los países más o menos democráticos. En la edición de 2015, los países más democráticos eran Suiza, Canadá y Noruega. Entre los menos democráticos figuraban Arabia Saudí, Uzbekistán y el Chad.

¿Qué es un referéndum?

En las democracias representativas han sobrevivido algunas instituciones propias de la democracia directa. La más común entre todas ellas es el referéndum. Esta consulta popular apela directamente a los ciudadanos ante una cuestión de importancia para el Estado. La facultad para convocar un referéndum pertenece al Gobierno o al Parlamento. Se recurre a este tipo de consulta para plantear a la ciudadanía una cuestión de gran relevancia, como, por ejemplo, la pertenencia a una organización internacional o un cambio en el sistema político.

La mayoría de los referendos tienen un carácter consultivo. Esto significa que se recaba la opinión de los ciudadanos pero la decisión final la toma el Gobierno y/o el Parlamento. Otros referendos tienen carácter vinculante, y los poderes legislativo y ejecutivo han de aplicar el resultado de la consulta. Así ocurre en España cuando se convoca un referéndum sobre el cambio de la Constitución. Es habitual que las leyes de los Estados contemplen que no se pueden convocar referendos sobre algunas cuestiones de naturaleza delicada o propensa a la demagogia, como por ejemplo, el régimen tributario.

¿Todos los países del mundo son democracias?

Casi todos lo afirman, Incluso Estados que tienen una forma de gobierno teocrática reclaman la etiqueta de «democrático» al asegurar que su forma teocrática de gobierno lo es por decisión de sus ciudadanos. Para comparar unas democracias con otras es preciso estudiar la calidad del Estado de derecho, el funcionamiento de la separación de poderes y el sistema electoral, así como valorar otros factores como la libertad de prensa, la libertad religiosa, el régimen de los partidos políticos o los derechos de manifestación, huelga y asociación.

13 ¿Qué es la separación de poderes?

La división de funciones entre el ejecutivo, legislativo y judicial.

Una de las bases de la democracia actual es la existencia de un sistema de pesos y contrapesos entre los principales poderes del Estado.

La separación de poderes ha existido desde tiempos muy antiguos. Ya se practicaba en las antiguas *polis* griegas y en el Imperio romano. La teoría política sobre la separación de poderes es más reciente y data de los siglos XVII y XVIII. Sus mayores ideólogos son los pensadores John Locke y Montesquieu. El sistema de separación de poderes se basa en la diferenciación de tres tareas principales a cargo del Estado: la ejecutiva, la legislativa y la judicial. Todas ellas deben gozar de independencia y potestad para controlar a los otros poderes. Así se consigue

que ninguno de ellos se convierta en absoluto y desvirtúe el sistema democrático. El poder ejecutivo lleva a cabo la gestión cotidiana de los asuntos del Estado. Su misión principal es ejecutar políticas en beneficio de los ciudadanos y de acuerdo con las leyes vigentes en el país. Se encarga de forma específica de la política exterior y de las relaciones internacionales, administra el dinero público y crea reglamentos de aplicación de las leyes. El poder legislativo es el encargado de crear, desarrollar y actualizar la legislación de un país. Tiene el encargo de dar forma al sistema jurídi-

co del Estado, en el cual existen normas de distinta categoría, como la Constitución, las leyes orgánicas o las leyes ordinarias. El poder legislativo también debe aprobar el presupuesto general del Estado que después ha de administrar y gestionar el poder ejecutivo. El poder judicial controla la correcta aplicación de las leyes por parte de los ciudadanos y de los poderes públicos. Interviene cuando hay conflictos de competencia entre distintas instituciones y aplica las penas previstas en la legislación cuando un individuo u organismo viola la ley. El poder judicial es además el intérprete máximo de las leyes.

EL EQUILIBRIO DE PODERES EN LA UNIÓN EUROPEA

En la Unión Europea también existe separación de poderes, pero no se realiza del modo clásico. En vez de existir los tres poderes clásicos del Estado, en la Unión Europea conviven diferentes instituciones que representan distintas lógicas e intereses, y que man-

tienen un delicado equilibrio entre sí. El Consejo de la Unión Europea atiende los intereses de los Estados miembros. La Comisión Europea gestiona el interés superior de la Unión; el Parlamento Europeo representa los intereses de los ciudadanos, y el Tribunal de Justicia de la Unión Europea preserva y defiende la lógica del Estado de Derecho y del imperio de la ley.

CUANDO LOS PODERES NO SON TAN INDEPENDIENTES

En los sistemas políticos actuales los tres poderes clásicos no funcionan como compartimentos estancos, sino que tienen relaciones complejas entre ellos. En los sistemas parlamentarios es el Parlamento el que elige al Gobierno. En las Repúblicas presidencialistas, es frecuente que el presidente elija a los jueces del Tribunal Supremo, máximos representantes del poder judicial. En las monarquías, el rey suele tener potestades que abarcan los tres poderes. Esto es así para asegurar el equilibrio entre los tres poderes.

Montesquieu afirmaba: «Todo hombre que tiene poder se inclina a abusar del mismo. Para que no se pueda abusar del poder hace falta que, por la disposición de las cosas, el poder detenga al poder».

¿Se puede gobernar sin mayoría parlamentaria?

Tanto en los sistemas parlamentarios como en las Repúblicas presidencialistas es posible que un Gobierno se enfrente a la tarea de ejercer el poder ejecutivo sin gozar de mayoría en el Parlamento. Esto dificulta su labor, ya que no podrá aprobar nuevas leyes sin realizar una negociación que le garantice la mayoría, pero la tarea de gobernar es posible a través de la gestión de los asuntos cotidianos del país.

El mayor reto para un Gobierno sin mayoría parlamentaria suele ser conseguir que el legislativo apruebe los presupuestos. Sin presupuestos es casi imposible gobernar; por esta razón, la mayoría de los sistemas políticos prevén la prórroga automática de las cuentas públicas del año anterior si no se aprueban unos nuevos presupuestos.

14 ¿Qué es la separación Iglesia-Estado?

La división entre lo religioso y lo político.

Tanto la teocracia como el ateísmo político son contrarios al principio de libertad religiosa.

Existen distintos grados en la separación entre la Iglesia, entendida como cualquier confesión religiosa, y el Estado. En un extremo estaría la unión total entre ambas, característica de la teocracia, mientras que en el otro extremo se situaría la prohibición de cualquier religión a través del ateísmo político.

En una teocracia se da una religión dominante que acapara el poder del Estado. En el mundo cristiano existe una única teocracia, que es la ciudad del Vaticano, cuyo gobierno le corresponde al Sumo Pontífice de la Iglesia Católica. Existen teocracias en el mundo musulmán, como son los casos de Arabia Saudí o Irán. A lo largo de la historia también ha habido teocracias en otras religiones: el Tíbet, por ejemplo, era gobernado por el dalái Lama. La mayoría de las teocracias suelen prohibir las confesiones religiosas distintas de la oficial.

En un Estado confesional existe una única religión oficial, que mantiene vínculos con el Gobierno; el resto de religiones no están prohibidas. En Europa existen varios países donde la religión oficial es alguna rama del cristianismo: Dinamarca, Grecia o Malta son algunos ejemplos.

En un Estado aconfesional no existe ninguna religión oficial. El Estado puede, como en el caso de España, mantener acuerdos con la Iglesia Católica, la Evangélica y con las diferentes ramas del Islam y del judaísmo, favorecer la integración cultural de las religiones como un complemento a la vida social de los ciudadanos.

El Estado laico va un paso más allá de la aconfesionalidad. En este tipo de Estado no existen acuerdos de colaboración ni financiación con ninguna organiza-

IGLESIA

ESTADO

UNIÓN - SEPARACIÓN

ción religiosa. Se considera que Estados Unidos es un ejemplo, aunque practica el llamado «deísmo ceremonial», ya que la Constitución y las leyes aluden a Dios pero sin identificarlo con ninguna confesión concreta.

El Estado ateo es el caso más extremo de separación entre Iglesia y Estado, ya que prohíbe cualquier manifestación religiosa. Un ejemplo de este ateísmo fue el que se mantuvo vigente en la URSS hasta su desintegración.

LOS CONCORDATOS

Un Concordato es un instrumento de derecho internacional que firma un Estado de tradición católica con la Santa Sede para regular las relaciones entre ambas instancias en materias como el nombramiento de obispos, la existencia de instituciones educativas de carácter religioso o la financiación estatal a la Iglesia. Muchos países europeos, como España, Francia e Italia, así como la mayoría de los latinoamericanos, han establecido Concordatos.

La Santa Sede mantiene también relaciones diplomáticas con la mayoría de los países no católicos del mundo. En este caso, los acuerdos no se denominan Concordatos, sino que tienen consideración de tratados internacionales.

En el ámbito de la teoría política se considera que el origen de la separación entre la Iglesia y el Estado procede de las palabras del propio Jesucristo: «Dad a Dios lo que es de Dios y al César lo que es del César» (Mateo 22:21).

Costa Rica, único Estado confesional de América Latina

Costa Rica reconoce el Catolicismo como la religión oficial del Estado aunque da libertad de culto al resto de ellas. La Constitución costarricense tiene la peculiaridad de especificar en su artículo 131 que para ser presidente o vicepresidente de la República se ha de ser seglar, no estar ordenado como ministro o sacerdote de ninguna religión. Esta norma también se aplica a los magistrados del Tribunal Supremo y al ministro de Asuntos Exteriores.

¿Verdadero o falso?

¿Es verdad que la reina de Inglaterra es cabeza de la iglesia anglicana? Sí, es cierto. La religión anglicana es la oficial en Inglaterra, aunque no en el resto de territorios del Reino Unido. El monarca británico ostenta el título de gobernador supremo de la Iglesia de Inglaterra desde su fundación por parte de Enrique VIII. Los 26 obispos principales de la Iglesia de Inglaterra tienen la consideración de lores espirituales y pertenecen a la Cámara de los Lores del Reino Unido.

15 ¿El sufragio siempre fue universal?

No, primero fue el sufragio censitario y después el universal masculino.

El derecho al voto incluye tanto el sufragio activo, que es el derecho a votar, como el sufragio pasivo, que es el derecho a ser elegido.

El sufragio censitario, también llamado restringido, fue un sistema electoral que estuvo vigente en diversos países entre finales del siglo XVII y el siglo XX. Su característica principal era que solo podían votar, o ser elegidos para ocupar cargos públicos, los varones que reunieran una serie de requisitos relacionados con el nivel de renta, su patrimonio o su nivel educativo. En algunas ocasiones también se establecieron distinciones raciales, otorgándose el derecho al sufragio solo a los varones de raza blanca.

A través de las distintas revoluciones liberales, el sufragio censitario se fue haciendo cada vez más abierto y los requisitos se relajaron paulatinamente hasta abarcar la mayor parte de la población masculina. En un primer momento comenzaron a eliminarse los requerimientos económicos y raciales, aunque en algunos países se siguió exigiendo que los votantes o candidatos supieran leer y escribir. Tras su revolución de 1789, Francia se convirtió en el primer país del mundo en implantar el sufragio universal masculino.

El siguiente hito fue la conquista de derechos políticos por parte de las mujeres. La lucha por el sufragio universal masculino y femenino ha sido larga. En algunos países de Europa, como Suiza o Andorra, el sufragio femenino pleno no se reconoció hasta los años setenta del siglo XX. En Arabia Saudí las mujeres aún no pueden ejercer este derecho a día de hoy.

En países como Argentina, Perú y Ecuador se ha ido un paso más allá al considerar que el sufragio es un derecho pero también una obligación, y se ha instaurado el sufragio obligatorio. La idea es luchar contra

el abstencionismo en las elecciones e involucrar a todos los ciudadanos en la tarea política del gobierno.

LA EDAD PARA VOTAR

Cuando se habla de sufragio universal, se entiende que se refiere solo a las personas mayores de edad. En la mayor parte del mundo los menores de edad no tienen derechos políticos y, por tanto, no pueden votar ni ser elegidos. Existen diferencias a la hora de establecer la edad requerida para votar, pero esta oscila entre los 16 y los 21 años, siendo el de los 18 años el criterio más extendido.

MOTIVOS DE PÉRDIDA DEL DERECHO AL SUFRAGIO

Sí, es posible que tanto el derecho al sufragio activo como pasivo se pierda por distintas razones. Es muy habitual que los condenados a prisión se vean excluidos del derecho al sufragio pasivo de forma automática. El derecho al sufragio activo está menos restringido. En principio, los presos sí pueden votar, aunque existen algunas condenas judiciales que implican la suspensión del derecho al voto. Los declarados incapaces por razones mentales también pierden el derecho al sufragio, así como los que son internados en hospitales psiquiátricos por orden judicial.

El movimiento sufragista abogó por la extensión a las mujeres del derecho al voto. La Alianza Internacional de Mujeres, que reivindicaba este derecho, se constituyó en Berlín en 1904. Sus fundadoras fueron Carrie Chapman Catt y Millicent Fawcett.

El voto rogado

En algunos sistemas políticos el ciudadano tiene que solicitar su derecho al voto para poder ejercerlo. Así ocurre en Estados Unidos y en muchas naciones latinoamericanas, como Venezuela, donde los votantes deben hacer un acto especial para inscribirse en el censo electoral ante cada elección si quieren ejercer su derecho al voto.

En España, los nacionales mayores de edad y residentes en territorio nacional aparecen inscritos por defecto en el censo electoral, por lo que no necesitan «rogar» el voto. Sí han de hacerlo los españoles residentes en el extranjero, que tienen que solicitar el voto de forma expresa.

16 ¿Qué es la Ley D'Hondt?

Es un tipo de sistema electoral de representación proporcional que prima a los partidos grandes sobre los pequeños.

Los sistemas electorales se clasifican en función de su representatividad en proporcionales y mayoritarios, y en sistemas de circunscripción única o múltiple.

Los países y territorios del mundo organizan sus elecciones de formas distintas. Según se trate de elecciones presidenciales o legislativas también se ap recian importantes diferencias.

En las elecciones legislativas se suele buscar que el Parlamento sea un reflejo más o menos fiel de las opciones políticas existentes entre la ciudadanía. Con los sistemas de representatividad proporcional se intenta que un partido político tenga el mismo porcentaje de escaños en el Parlamento que el porcentaje de votos obtenidos en las elecciones. Esto puede provocar que haya dema-

siada división de fuerzas en el Parlamento, lo cual, en los sistemas parlamentarios, dificulta la formación de Gobierno. Por eso se introducen sistemas correctores. Uno de ellos es la división del país en un número determinado de circunscripciones electorales, de modo que cada circunscripción elija a un número concreto de diputados. Otro sistema corrector es la llamada Ley D'Hondt, que penaliza a los partidos pequeños en beneficio de las grandes formaciones políticas para favorecer el establecimiento de mayorías sólidas.

Existen además sistemas de representación mayoritaria. En estos casos el país se divide también en circunscripciones, pero al ganador, aunque obtenga solo un voto más que el segundo, se le adjudican todos los representantes en liza. Los sistemas mayoritarios favorecen el bipartidismo.

En el caso de las elecciones presidenciales no se busca proporcionalidad, sino escoger a una sola persona de entre diferentes

candidatos. Esto puede hacerse por un método de mayoría simple (gana el que coseche más votos), de doble vuelta o de elección indirecta, como es el caso de Estados Unidos.

LISTAS ABIERTAS Y LISTAS CERRADAS

En el caso de las elecciones parlamentarias, hay dos sistemas principales: en el primero de ellos el ciudadano puede votar al candidato por su nombre. En el segundo sistema, de listas cerradas, el ciudadano vota a un partido político que presenta en la papeleta una lista ya confeccionada de candidatos dispuestos en un orden concreto e inalterable.

Existe un sistema intermedio que es el de las listas abiertas. Los partidos políticos presentan distintas listas de candidatos en las papeletas pero los votantes pueden elegir entre todas las opciones pertenecientes a distintos partidos y votar por el total de cargos a elegir.

> En Estados Unidos el presidente no es elegido de forma directa por los ciudadanos. En cada estado se elige a un número variable de grandes electores, que son los que a su vez eligen al presidente.

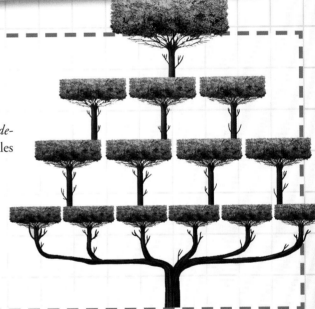

¿Qué es el «gerrymandering»?

En el mundo anglosajón se conoce como *gerrymandering* a la alteración de las circunscripciones electorales con el objetivo de beneficiar a uno u otro partido.

Esto se hace atendiendo a criterios sociológicos. Se puede detectar que en un barrio concreto los ciudadanos son más afines a un partido que a otro. Si se manipulan las fronteras de la circunscripción, se puede conseguir que los vecinos de ese barrio elijan a su propio diputado, perjudicando a otros barrios donde otros partidos sean más populares.

El voto electrónico frente al voto en urna

En la mayoría de los países del mundo el derecho al voto se ejerce introduciendo una papeleta en una urna de cristal o cartón. Por sorteo se elige a los presidentes y vocales de las mesas electorales, quienes, acompañados por los interventores y apoderados de los distintos partidos, recuentan los votos. Las autoridades electorales del país suman los resultados obtenidos en cada mesa electoral y así obtienen el resultado total de las elecciones.

Otros países utilizan un sistema de voto electrónico. En este caso el ciudadano ejerce su derecho en una máquina de votación informática que de forma automática transmite el resultado a las autoridades centrales. Es frecuente que se haga también un respaldo en papel para evitar el fraude.

17 ¿Quién nombra a los jueces?

Los jueces y magistrados constituyen el poder judicial y son independientes de los otros poderes del Estado.

El funcionamiento del poder judicial de un Estado depende de la familia jurídica a la que este pertenezca.

Las dos principales familias jurídicas son la continental y la anglosajona, en el mundo occidental, así como la islámica, la judaica y la de derecho consuetudinario en otros ámbitos.

En los países occidentales el poder judicial está integrado por los jueces y magistrados que acceden a sus cargos tras haber acreditado un profundo conocimiento de las leyes. Sin embargo en cada país el sistema de selección y nombramiento de estos es diferente, en función, sobre todo, de la familia jurídica a la que pertenezca. Las dos principales familias jurídicas son la continental y la anglosajona, en el mundo occidental, así como la islámica, la judaica y la de derecho consuetudinario en otros ámbitos.

La mayoría de los países de Europa y América Latina pertenecen a la familia jurídica llamada continental; los jueces suelen acceder a su posición a través de un sistema de exámenes y pruebas en los que acreditan su conocimiento del Derecho. Una vez superado el examen los candidatos acceden a la carrera judicial, de la cual no pueden ser separados por razones políticas ni ideológicas, sino solamente como medida disciplinaria. Los órganos de gobierno del poder judicial son distintos en cada país y determinan qué puesto concreto ocupará cada juez de acuerdo con la legislación interna. En España es el Consejo Superior del Poder Judicial, y en Argentina, el Consejo Superior de la Magistratura.

Reino Unido, Estados Unidos y Australia, entre otros países, pertenecen a la familia de derecho anglosajón. En estos países los jueces no acceden a

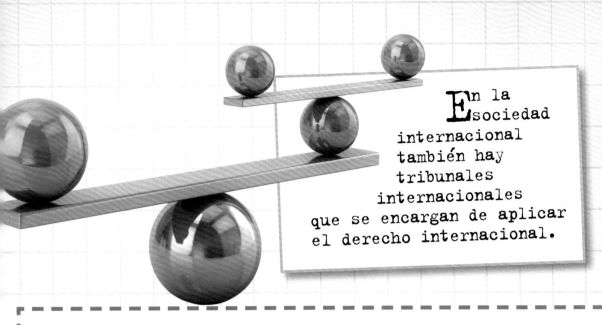

En la sociedad internacional también hay tribunales internacionales que se encargan de aplicar el derecho internacional.

El Tribunal Supremo en Estados Unidos

El Tribunal Supremo es la máxima instancia judicial en los Estados Unidos de América. Su función principal es decidir sobre los recursos de apelación que han pasado por las distintas instancias judiciales del país. Está compuesto por nueve miembros que son designados por el presidente del país, con el visto bueno del Senado, y ejercen su puesto de forma vitalicia para garantizar su independencia con respecto a quien los nombró. Estados Unidos carece de un Tribunal Constitucional, pero es el Tribunal Supremo el que ejerce la función de controlar la constitucionalidad de las leyes y del resto de actuaciones de los poderes del Estado.

la carrera judicial por un sistema de exámenes. En el Reino Unido es la reina o el ministro de Justicia quien nombra a los jueces atendiendo a una serie de criterios objetivos. En Estados Unidos es frecuente que los jueces sean elegidos por medio de votaciones populares.

Todas las familias jurídicas tienen mecanismos que intentan garantizar la independencia de los jueces del resto de los poderes del Estado.

EL TRIBUNAL CONSTITUCIONAL

En muchos países de la familia jurídica continental existe un Tribunal Constitucional que se sitúa al margen y, en cierta medida, por encima de los otros poderes del Estado. Aunque es un tribunal, no pertenece al poder judicial.

La función del Tribunal Constitucional es velar porque la actuación de los otros poderes se ajuste a la Constitución. A través de un recurso de inconstitucionalidad, este tribunal analiza las leyes aprobadas por el Parlamento para determinar si se ajustan o no a la Constitución. También media en conflictos de competencia entre distintas instituciones del Estado y actúa como valedor máximo de los derechos constitucionales de los ciudadanos a través del llamado recurso de amparo constitucional.

¿QUÉ ES LA JURISPRUDENCIA?

La jurisprudencia es el conjunto de decisiones judiciales que han adoptado los tribunales de un país.

En el derecho anglosajón la jurisprudencia es una de las principales fuentes del derecho. Esto significa que los jueces y tribunales tienen una flexibilidad muy grande a la hora de interpretar el derecho y sus decisiones van a repercutir de forma directa en la posterior aplicación de las leyes. En los países anglosajones se ha llegado a decir que los jueces contribuyen a la creación del derecho.

En el derecho continental la jurisprudencia también se considera fuente de derecho, pero solo de forma accesoria, ya que los jueces tienen menor flexibilidad a la hora de interpretar las leyes.

18 ¿Cuál es el papel de la opinión pública?

Esta y la comunicación constituyen lo que se ha denominado el «Cuarto Poder».

La opinión pública es el conjunto de deseos, tendencias, voluntades y pensamientos de un grupo poblacional.

Se considera que la opinión pública tiene sus orígenes en las primeras ciudades de la historia, cuando la aglomeración de un gran número de personas en un espacio reducido facilitó el intercambio espontáneo de ideas entre personas. A partir de la invención de la imprenta de tipos móviles en 1492, la difusión de libros y publicaciones impresas contribuyó a un auge de la opinión pública. Pero no será hasta los siglos xix y xx, con la aparición de los medios de comunicación de masas, cuando el término «opinión pública» empiece a gozar de verdadera difusión.

En la actualidad, los expertos consideran que la opinión pública se forma a través de la actuación de actores muy diversos, entre los cuales destacan los medios de comunicación, los líderes sociales y los activistas de la sociedad civil organizada. Aunque se supone que la opinión pública surge de forma espontánea, desde su aparición, los Estados y movimientos políticos han hecho lo posible por influir sobre ella.

Dentro del ámbito de la sociología se han desarrollado herramientas para averiguar cuál es el estado de la opinión pública, siendo la más habitual la encuesta. Apoyándose en estos estudios demoscópicos se pueden realizar análisis de la opinión pública para predecir qué partido político ganará las próximas elecciones o para conocer el sentir de los ciudadanos respecto a una ley o iniciativa del Gobierno, o cualquier otro aspecto de la cosa pública.

LA GUERRA PSICOLÓGICA
Los Estados siempre han sido conscientes de la importancia de la opinión pública y en no pocas ocasiones han intentado manipularla con objetivos bélicos. Durante la Segunda Guerra Mundial se utilizó

EL CUARTO PODER

Storytelling

de forma muy intensa la guerra psicológica como instrumento para desmoralizar a la población enemiga y contribuir así a la derrota del adversario. La Alemania nazi se considera el ejemplo paradigmático en la utilización de la guerra psicológica, pero en otros países, como Estados Unidos o Reino Unido, se han utilizado estrategias similares para obtener ventajas estratégicas.

El filósofo inglés John Locke afirmó que el hombre está sujeto a tres leyes: la ley divina, la ley civil y la ley de la opinión. Fue de los primeros pensadores en asegurar que la opinión pública tiene una influencia determinante sobre la sociedad.

Los medios de comunicación de masas y la revolución de internet

Durante la segunda mitad del siglo XX se asistió al desarrollo de la llamada «sociedad de masas», en la cual los medios de comunicación –radio, televisión, prensa escrita– propiciaron el nacimiento de una opinión pública mundial. Movimientos como el *hippismo*, el ecologismo o el pacifismo surgieron, sucesivamente o a un tiempo, en distintas partes del planeta, transformado en una «aldea global». Efectivamente, los avances en el campo de las comunicaciones establecieron un clima parecido al que se respira en los asentamientos humanos más modestos.

En el siglo XXI la revolución de internet ha supuesto un salto cualitativo en la sociedad de masas. Los medios de comunicación digitales permiten que cualquier ciudadano del mundo exprese sus opiniones a nivel global, siendo cada vez más difícil para los Estados ejercer cualquier tipo de censura. Muchos estudiosos consideran que fenómenos como la Primavera Árabe fueron posibles gracias a la revolución de las comunicaciones digitales.

Propaganda y diplomacia pública

Durante la Guerra Fría tanto el bloque soviético como el bloque occidental recurrieron a la propaganda como un recurso de la guerra psicológica para intentar influir sobre la opinión pública del adversario. Un ejemplo destacado fue la llamada «Guerra de las Galaxias», en la década de 1980, cuando los estadounidenses exageraron el potencial de unos sistemas de armas antimisiles de carácter futurista para poner de manifiesto su capacidad tecnológica frente a la URSS.

Concluida la Guerra Fría, se consideró que el recurso a la propaganda era poco democrático, por lo que se acuñó el término de diplomacia pública. Se trata del conjunto de acciones diplomáticas que lleva a cabo un país para tratar de influir sobre las opiniones públicas de los países extranjeros, pero sin apartarse de la verdad ni tener como objetivo la desestabilización del adversario.

19 ¿Qué es una Constitución?

Norma fundamental del Estado que instituye la separación de poderes y declara los derechos fundamentales de sus ciudadanos.

La Constitución tiene que ser aprobada por el pueblo soberano para ser considerada como tal. Una Constitución que no ha sido aprobada por voluntad popular se denomina Carta Otorgada.

La palabra «constitución» aparece ya en las obras de los filósofos griegos para referirse a los sistemas políticos de las antiguas *polis*. La *Bill of Rights* de 1689 aún se considera parte de la Constitución no escrita del Reino Unido. Sin embargo, los politólogos consideran que la primera Constitución moderna del mundo, aún en vigor, es la de los Estados Unidos de América de 1787, a la que acompañan de su antecedente directo, la Constitución del estado de Virginia, que data de un año antes.

La Constitución americana consta de un preámbulo y de cuatro artículos que detallan el funcionamiento de los poderes ejecutivo, legislativo y judicial y los límites al poder federal frente al de los estados. Los artículos cin-

co, seis y siete establecen el procedimiento de enmienda, la supremacía de la Constitución frente a otras leyes y el procedimiento para ratificarla. Este procedimiento prevé la adopción por parte de la Convención Constitucional de Filadelfia y su posterior ratificación en cada estado bajo la fórmula de «Nosotros, el pueblo».

Ya en la Convención de Filadelfia se decidió incluir la Carta de Derechos Fundamentales en forma de las diez primeras enmiendas a la Constitución, aunque a lo largo de los años se han indo introduciendo nuevas enmiendas para reconocer nuevos derechos. Desde aquel momento, la inmensa mayoría de los Estados del Planeta han adoptado sus propias Constituciones. Gran parte de ellas siguen el ejemplo de la estadounidense en tres aspectos: son

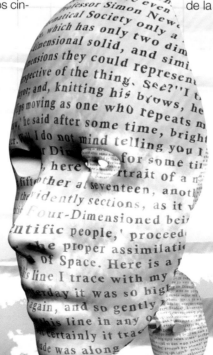

La Asamblea Nacional Constituyente, surgida como consecuencia de la Revolución Francesa de 1789, declaró lo siguiente sobre el concepto de Constitución: «Una sociedad en la que la garantía de los derechos no está asegurada, ni la separación de poderes determinada, no tiene Constitución».

La Constitución británica

El Reino Unido es uno de los Estados parlamentarios y democráticos más antiguos del mundo, pero no posee una Constitución escrita. Se considera que la Constitución británica está compuesta por un conjunto de leyes y tradiciones que se remontan a la Edad Media pero que han ido evolucionando hasta el presente sin llegar a la ruptura en ningún momento de la historia.

El hecho de que la Constitución británica no esté escrita puede llevar a la equivocada conclusión de que es muy flexible, ya que en teoría el Parlamento puede cambiar cualquier elemento con una simple ley ordinaria. Pero la realidad es que su componente tradicional, y la propia flema británica de los legisladores, la hace muy rígida, ya que el Parlamento es siempre reacio a modificarla.

adoptadas por el pueblo, regulan el funcionamiento de los poderes del Estado y contienen una Declaración de Derechos. Una característica común a casi todas las Constituciones modernas es que prevén un sistema de reforma muy complejo, que requiere holgadas mayorías parlamentarias y un amplio consenso social para introducir cambios en la misma.

EL PODER CONSTITUYENTE
Se denomina poder constituyente al poder del Estado capaz de crear una Constitución.

Es preciso diferenciar el poder constituyente originario, que pertenece exclusivamente al pueblo, del poder constituyente derivado, que es la asamblea en la que el pueblo delega la elaboración material de la Constitución. Los primeros poderes constituyentes derivados fueron la Convención Constitucional de Filadelfia y la Asamblea Nacional Constituyente francesa, ambas a finales del siglo XVIII.

Hoy todas las Constituciones prevén qué forma debe adoptar el poder constituyente para crear una nueva

Ley Fundamental. El poder constituyente suele ser doble: por un lado, una Asamblea o Congreso elegido ex profeso para ello y, por otro, la ratificación popular por medio de un referéndum.

LA CONSTITUCIÓN EUROPEA
El 29 de octubre de 2004, los jefes de Estado y de Gobierno de los países miembros de la Unión Europea firmaron el Tratado por el que se establecía una Constitución para Europa.

La primera y principal diferencia entre este instrumento jurídico y las Convenciones al uso es que la Unión Europea no es un Estado, sino una organización internacional. Por lo demás, el Tratado seguía un método similar al de otras Constituciones ya que por un lado regulaba el funcionamiento de las instituciones europeas y por otro recogía una Carta de Derechos Fundamentales. Se considera que la Constitución Europea fue un intento de avanzar y profundizar en la integración de los países miembros de la Unión. w El proyecto fracasó al ser rechazado en referéndum por los ciudadanos de Francia y los Países Bajos.

20 ¿En qué consiste la descentralización?

Un proceso en el que los Estados ceden cada vez más competencias a gobiernos regionales o locales.

En América Latina cuatro Estados tienen una estructura federal: Argentina, Brasil, México y Venezuela.

En la actualidad se habla de un proceso de erosión de la tradicional soberanía y las competencias de los Estados. Esto se debe a dos causas diferentes: por un lado, las organizaciones internacionales, como la Unión Europea o la Organización de Estados Americanos, tienen un poder de decisión cada vez mayor, y, por el otro, los Estados van cediendo competencias soberanas a las entidades regionales –estados federados, *länder* alemanes, Comunidades Autónomas españolas– o a las locales, como los Ayuntamientos.

Dentro de un Estado existen dos modelos principales de organización regional: el centralizado y el descentralizado. El modelo centralizado era el más habitual en la Europa de la Edad Moderna. Estados como Francia y el Reino Unido fueron pioneros a la hora de intentar ho-mogeneizar sus territorios y poblaciones a través de políticas de normalización lingüística y de supremacía política y cultural de las ciudades.

En la actualidad, la mayoría de los Estados han optado por una forma u otra de descentralización. El Gobierno Central comparte competencias con los entes regionales y locales, se llamen provincias, regiones, estados federados o reciban otra denominación. Hasta el Reino Unido, que fue pionero en la centralización, ha abordado en las últimas décadas un proceso llamado de *devolution* que consiste en reconocer amplias competencias a los territorios de Irlanda del Norte, Escocia y Gales.

DEFINIENDO UNA FEDERACIÓN

La federación es considerada por los politólogos como el modelo más avanzado de descentralización. Está formada por distintos estados federados, que

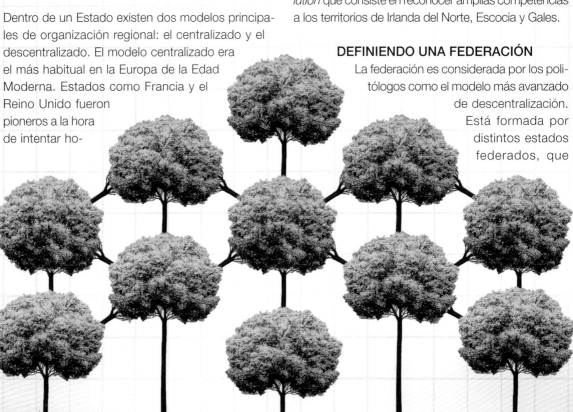

por defecto gozan de todas las competencias excepto aquellas que la Constitución reserva para el Gobierno Central. En una federación los estados no tienen la potestad de independizarse del resto de forma autónoma y una vez establecidas, tienen vocación de permanencia.

En Estados Unidos o Alemania, los estados federados tenían una existencia previa al actual Estado, pero en un momento dado de su historia decidieron fusionarse en uno solo. En México, la estructura federal se adoptó a posteriori, tras la independencia mexicana de la Corona española.

Hay que diferenciar la federación de la confederación, donde los estados confederados sí pueden separarse del resto cuando así lo decidan. El nombre oficial de Suiza es Confederación Helvética, pero no es una auténtica confederación. Hoy en día no existen confederaciones.

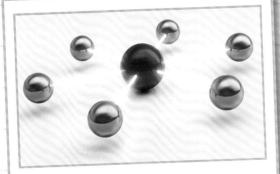

Una confederación consiste en una unión de Estados que conservan su soberanía y se rigen por determinadas leyes comunes.

Las Comunidades Autónomas en España

El modelo de organización territorial de España recibe el nombre de Estado autonómico, dentro del cual las entidades regionales se denominan Comunidades Autónomas.

Este modelo surge de la Constitución de 1978; a pesar de compartir una mayoría de sus características con el Estado federal, alberga algunas sutiles diferencias. La principal de ellas es que la Constitución no contiene un listado cerrado de las Comunidades Autónomas españolas, sino que establece un procedimiento para que las provincias tradicionales que existían en España pudieran convertirse en Comunidades Autónomas. La Constitución tampoco prevé un listado definitivo y cerrado de competencias que recaigan en el Gobierno Central, por una parte, y en las Comunidades Autónomas, por otra. Este reparto es y ha sido objeto de negociación política bilateral. Salvo por estas dos diferencias, el Estado autonómico es esencialmente idéntico al federal.

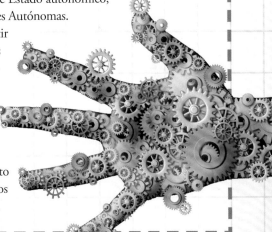

El principio de subsidiariedad

Los tratados constitutivos de la Unión Europa consagran el principio de subsidiariedad, en virtud del cual se establece que un asunto debe ser tratado por la autoridad gubernamental más próxima al objeto del problema.

De esta definición se podría desprender que el principio de subsidiariedad establece que la mayoría de las cuestiones deberían ser tratadas por las administraciones municipales y regionales, que son las más próximas al ciudadano, pero hay cuestiones políticas y problemas que afectan a extensos territorios, a continentes e incluso al mundo entero, que deben ser tratados por las administraciones nacionales o supranacionales.

21 ¿Cómo es el gobierno de los entes locales?

Ayuntamientos, alcaldías o municipalidades se organizan de forma distinta.

En España y América Latina los entes locales reciben el nombre de municipios, distritos o parroquias.

La mayor parte de los Estados modernos tienen algún tipo de división territorial equivalente al municipio. Según el sistema político, los entes locales tendrán mayor o menor autonomía y número más o menos amplio de competencias.

El núcleo duro de las competencias municipales es común en todos los países del mundo. Los ayuntamientos u órganos equivalentes se encargan de mantener la localidad en buen estado en cuanto a limpieza. Se ocupan del ordenamiento vial a través de señales de tráfico y trazado urbanístico, así como del alcantarillado, la recogida de basuras y del mantenimiento de suministros como la energía eléctrica, el agua, el gas o el teléfono. Construyen parques, plazas y lugares públicos para el uso y disfrute de los vecinos y en general poseen algún tipo de atribuciones para man-

tener el orden público a través de unas fuerzas de seguridad de carácter municipal.

Uno de los principales poderes de los entes locales suele ser la elaboración del derecho urbanístico; es decir, el conjunto de normas que regulan el uso del suelo y la ordenación del territorio. Son los ayuntamientos los que deciden dónde se puede construir y dónde no, qué suelo se considera rústico y cuál urbano, así como el número y tipo de servicios que ha de tener una zona para ser declarada habitable.

Los ayuntamientos también gozan de competencias relacionadas con el turismo a través de la normativa que rige playas, zonas de interés histórico, ocio y servicios hoteleros.

EJEMPLO DE ORGANIZACIÓN LOCAL

En España hay tres sistemas principales de gobierno municipal. La mayoría de las localidades se rigen por la Ley de Bases del Régimen Local, que prevé la existencia de un Ayuntamiento compuesto por una serie de concejales elegidos de forma directa por los ciudadanos, siendo los concejales los que a su vez eligen al alcalde en el pleno del Ayuntamiento. El alcalde es el presidente de la corporación municipal y goza de amplias facultades ejecutivas, aunque algunos asuntos de especial importancia han de ser decididos en el pleno del Ayuntamiento por la mayoría de los concejales.

La Ley de Grandes Ciudades contempla un régimen especial para las localidades españolas con mayor número de habitantes, como es el caso de las capitales de provincia. Dentro de este grupo, las ciudades de Madrid y Barcelona gozan de un régimen particular.

En el otro extremo, algunos municipios con muy pocos habitantes se rigen por el sistema de concejo abierto, que es un modelo de democracia directa en el cual los vecinos ejercen las labores de gobierno sin necesidad de representantes que lo hagan por ellos.

En la Antigua Roma, un «municipium» era una ciudad libre que se gobernaba de acuerdo a sus propias leyes, marcando la diferencia con las ciudades que se consideraban una colonia.

Las municipalidades del Perú

Las municipalidades peruanas cuentan con dos instituciones: el Concejo, compuesto por el alcalde y los regidores, que es el ente normativo y fiscalizador, y la Alcaldía, que es el órgano ejecutor. La elección de los alcaldes y regidores se realiza por sufragio universal directo cada cuatro años.

La Municipalidad Metropolitana de Lima tiene un régimen especial al ser la capital del país, así como la principal área urbana. Cuenta con una Asamblea Metropolitana, presidida por el alcalde metropolitano e integrada por los alcaldes distritales, así como por representantes de la sociedad civil.

Los Municipios Libres de México

Los municipios mexicanos están gobernados por un Ayuntamiento encabezado por un presidente municipal que ejerce el poder ejecutivo. Aparte existen los regidores, que son elegidos conjuntamente con el presidente mediante un sistema de listas cerradas, y los síndicos, que sí son elegidos de forma directa por los vecinos.

Los estados mexicanos tienen libertad para determinar el régimen local, de modo que hay variaciones de una zona a otra del país. Por ejemplo, en Sinaloa los municipios se dividen en sindicaturas que son gobernadas por un síndico elegido por voto popular, mientras que en la Baja California los municipios se dividen en delegaciones al frente de las cuales se halla un delegado nombrado por el presidente municipal.

22 ¿Qué son los derechos fundamentales?

Son los derechos inherentes al ser humano por el mero hecho de serlo.

Llamamos derechos fundamentales a los derechos humanos que están reconocidos y protegidos en el ámbito de la Constitución de un Estado.

El concepto jurídico de derechos humanos no ha existido siempre. Hubo que esperar a las revoluciones francesa y americana a finales del siglo XVIII para que se adoptara la idea de que los seres humanos poseen una serie de derechos inalienables que les corresponden por el mero hecho de haber nacido y que ninguna autoridad puede menoscabar.

Tradicionalmente se han dividido los derechos humanos en las llamadas tres generaciones de derechos, según el momento de la historia en que se han ido reconociendo.

La primera generación comprende los derechos civiles y políticos, que ya aparecen en las primeras cartas de derechos fundamentales como la Declaración de Derechos de Virginia o la Declaración de Derechos del Hombre y del Ciudadano que siguió a la Revolución francesa. Se trata de los derechos más elementales de la persona, como el derecho a la vida, la libertad de expresión, la libertad de manifestación, la libertad religiosa o el derecho a participar en la vida política. Se consideran propios de la esfera más íntima de la naturaleza humana.

La segunda generación incluye derechos de carácter económico, social y cultural: el derecho a una vivienda digna, el derecho al trabajo, a la educación o a la salud. Se dice que son derechos de carácter programático, ya que al incluirlos en su Constitución, el Estado se obliga a trabajar porque estos derechos se respeten, pero no contienen una obligación con respecto al resultado.

Finalmente, la tercera generación de derechos tiene que ver con la solidaridad: son los derechos medioambientales o el desarrollo sostenible. Estos derechos fundamentales tienen en cuenta la noción de responsabilidad frente a las generaciones venideras.

LA CUARTA GENERACIÓN DE DERECHOS

En la actualidad se está hablando de la aparición de una cuarta generación de derechos humanos, que aún no están recogidos en ninguna Constitución pero que empiezan a aparecer en la doctrina jurídica y en algunas sentencias judiciales. Se trata de los derechos del ciudadano en internet y están vinculados con la privacidad y el derecho al honor y a la propia imagen, que ya existían como parte de los derechos civiles y políticos, pero que en la era de la comunicación digital han cobrado un nuevo sentido.

La protección de los derechos fundamentales

A nivel interno, todos los Estados democráticos poseen sistemas con los que se pretende garantizar el cumplimiento de los derechos humanos. Los derechos fundamentales están incluidos en la mayor parte de las Constituciones de forma que su cumplimiento es obligatorio para todos los ciudadanos y los poderes públicos. Los tribunales son los primeros encargados de velar para que estos derechos se cumplan. En los países donde existe un Tribunal Constitucional los ciudadanos tienen la opción adicional de plantear ante este un recurso de amparo constitucional si consideran que sus derechos fundamentales se han visto violados. Muchos países tienen además otras instituciones que vigilan el correcto cumplimiento de los derechos fundamentales como es el caso del defensor del pueblo. A nivel internacional existen también múltiples instituciones que velan para que los miembros de determinadas organizaciones internacionales respeten los derechos humanos. Son los casos del Tribunal Europeo de Derechos Humanos, que pertenece al Consejo de Europa, o de la Corte Interamericana de Derechos Humanos, vinculada a la Organización de Estados Americanos.

La Declaración de Derechos de Virginia de 1776 es la primera carta de derechos humanos tal y como la entendemos hoy, aunque tiene su antecedente directo en la «Bill of Rights» británica de 1689.

23 ¿Por qué se caracteriza una monarquía?

En una monarquía el jefe de Estado es una única persona que accede al cargo de forma vitalicia.

El término monarquía procede del griego «mónos», uno, y «arkhein», gobernar, y significa gobierno de uno solo.

El origen del sistema monárquico es tan antiguo como la civilización y ya regía los destinos de imperios como los del Antiguo Egipto o Mesopotamia. En un principio se caracterizaba por el gobierno de una sola persona que accedía al poder de forma vitalicia, aunque a lo largo de la historia el poder de los reyes se ha venido limitando de una u otra forma.

En la actualidad encontramos cuatro familias principales de monarquías en el mundo: las europeas, las islámicas, las asiáticas y las monarquías tradicionales de África y Oceanía. En el caso de Europa, y dejando al margen la Ciudad del Vaticano, todas las monarquías tienen un carácter constitucional o parlamentario. Se remontan a los reinos, principados o ducados medievales que, con el paso de la historia, han decidido mantener la figura del monarca como jefe de Estado simbólico que encarna la unidad del Estado, sin prácticamente poderes efectivos.

Las monarquías islámicas se encuentran repartidas por África y Asia y comparten la característica de que el soberano tiene algún tipo de poder religioso. En Marruecos el rey posee el título de «Emir de los creyentes», y en Arabia Saudí es el «Custodio de los Santos Lugares». En la mayoría de los casos el monarca sigue detentando algún tipo de poder ejecutivo, aunque este varía de un país a otro.

Las monarquías asiáticas comprenden ejemplos como los emperadores del Japón, los reyes de Tailandia o Camboya, o el Rey Dragón de Bután. Comparten similitudes con las casas reales europeas, ya que por lo general se trata de linajes históricos que se han mantenido en la jefatura de Estado de modo simbólico, aunque a menudo retienen importantes prerrogativas.

En África y Oceanía existen distintas casas reales, algunas de las cuales solo reinan sobre parte del territorio de un Estado. En América no existe ninguna monarquía, aparte de los Estados que forman parte de la *Commonwealth* y comparten soberano con el Reino Unido.

LOS REYES TRADICIONALES EN ÁFRICA

En toda África subsahariana solo existen dos monarquías funcionales: Suazilandia y Lesoto, pero existen numerosos Estados que reconocen monarquías tradicionales en algunas de sus regiones. En Uganda se ha recuperado la figura de los reinos tradicionales en casos como Toro, Bunyoro o Busora. Es una forma de acercamiento a las comunidades tribales y un intento de articular mejor el territorio.

También en Sudáfrica llegaron a existir hasta 13 reinos tradicionales, aunque tras el fin del *apartheid*, el Gobierno ha ido suprimiendo varios de ellos. En Camerún existen más de 150 reyes que reciben diferentes nombres según la religión o el grupo étnico al que pertenecen.

El nombre de Julio César, dictador perpetuo en la Antigua Roma, ha pasado a la historia como sinónimo de rey. De la palabra César procede el título del «káiser», el antiguo monarca alemán, o el de zar de Rusia.

La monarquía rotativa

Malasia posee un sistema único en el mundo, ya que sus monarcas se suceden en el trono de forma rotativa. El título del rey de Malasia es *Yang di-Pertuan Agong*, que significa «El que fue hecho Señor». El cargo de *Yang di-Pertuan Agong* rota cada cinco años entre los nueve gobernantes malasios, siete sultanes y dos reyes, cuyos estados conforman la Federación de Malasia.

A pesar de las particularidades de su elección, Malasia es una monarquía parlamentaria donde la figura del rey tiene un poder simbólico y muy limitado.

Un caso particular

El principado de Andorra se considera un coprincipado constitucional. Tiene la particularidad de que la jefatura del Estado la ostentan dos personas: el presidente de la República francesa y el obispo de la Seo de Urgel. Este sistema se remonta al siglo XI y tiene claras raíces feudales.

Mientras que la figura del obispo de la Seo de Urgel como copríncipe se ha mantenido más o menos intacta a lo largo de los siglos, como copríncipe francés se han ido sucediendo el conde de Foix, los reyes de Francia, Napoleón y los presidentes de la República. Los dos copríncipes ejercen la jefatura del Estado andorrano de forma conjunta e indivisa, y su papel es esencialmente simbólico.

24 ¿Cómo funciona la sucesión al trono en una monarquía?

La mayoría de las monarquías son hereditarias, aunque también existen monarquías electivas.

La línea de sucesión más corriente en las monarquías hereditarias está basada en alguna forma de primogenitura.

La inmensa mayoría de las monarquías del mundo son hereditarias. Esto significa que el soberano deja su cargo en herencia a uno de sus descendientes, algo que viene predeterminado por el llamado orden de sucesión.

El orden regular de primogenitura establece que se prefiere la línea anterior a las posteriores; es decir, tienen preferencia los descendientes directos del rey actual antes que los herederos de monarcas anteriores. En la misma línea, se prefiere el grado más próximo al más remoto: por tanto, los hijos del rey heredan antes que los nietos. En el mismo grado, la mayoría de los sistemas históricos prefieren al varón antes que a la mujer, y dentro del mismo sexo, a la persona de más edad a la de menos edad. Por último, los sistemas dinásticos suelen tener algún tipo de previsión para el caso de

que no haya ninguna persona designada para la sucesión; de esta forma, muchos de ellos disponen que sea el Parlamento quien elija al nuevo monarca.

Además de la monarquía hereditaria, han existido en el pasado, y existen en el presente, ejemplos de monarquías electivas. Este sistema era de uso común entre los pueblos germánicos; los visigodos elegían a sus reyes en el seno de una asamblea de guerreros. Algunas monarquías electivas acabaron convirtiéndose en hereditarias, como es el caso de los

merovingios en Francia, ya que la elección se realizaba siempre dentro de la misma familia.

En la América precolombina, el Imperio azteca era una forma de monarquía electiva, ya que el Gran Tlatoani era elegido por una suerte de cónclave similar al que escoge al Papa.

LA FIGURA DEL REGENTE

Un regente es una persona que ejerce los poderes del rey mientras este es menor de edad o se encuentra incapacitado. En la mayoría de los casos la regencia la ejerce la madre o el padre del rey mientras este es niño, pero también es posible que se busque a otra persona, o personas, para desempeñar el cargo.

En la monarquía española ha habido regencias muy importantes. Destaca la de la reina María Cristina de Borbón, viuda de Fernando VII y madre de Isabel II, que ejerció la regencia y gobernó España entre 1833 y 1840. María Cristina de Habsburgo Lorena, esposa de Alfonso XII, reina y madre de Alfonso XIII, fue regente del reino por un largo periodo, entre 1885 y 1902.

La monarquía hereditaria se creó para dar estabilidad a las naciones, ya que se evitaban las luchas intestinas por heredar el trono después de la muerte del rey.

¿Monarquía y república unidas?

Los Emiratos Árabes Unidos son un caso único en el mundo, ya que son al mismo tiempo una monarquía y una república. Su jefe de Estado es un presidente que, al mismo tiempo, es el emir de Abu Dabi.

El país árabe es una federación de siete estados. Cada uno de ellos se rige por un sistema monárquico hereditario, con un emir a la cabeza. Estos siete emires conforman el Consejo Supremo de la Federación, en cuyo seno el emir de Abu Dabi siempre ocupa el puesto de presidente, y el emir de Dubái el de primer ministro.

Una elección con raíces religiosas

Antes de pasar a formar parte de la República Popular China el Tíbet era un Estado cuya forma de gobierno era la monarquía teocrática. Según la tradición budista, el dalái lama es la reencarnación del Boddhisatva Avalokitesvara. A la muerte del anterior dalái lama los altos jerarcas de la Escuela Gelug eran los encargados de buscar entre los niños recién nacidos quién era la reencarnación del soberano fallecido, y el elegido era educado desde niño para el cargo que iba a desempeñar.

En la actualidad el dalái lama se sigue eligiendo con el mismo sistema, aunque ya carece de poder temporal y su misión es solo de naturaleza religiosa.

¿Qué es la ley sálica?

Es una norma de sucesión tradicional en algunas monarquías, que estipula que las mujeres no pueden ser reinas.

La ley sálica fue promulgada en el siglo v por el rey franco Clodoveo I pero su aplicación se extendió varios siglos a lo largo de la historia.

La ley sálica, en los términos en que fue promulgada por el rey Clodoveo I, prohibía tajantemente a las mujeres acceder al trono. Se trata de un concepto distinto a la preferencia del hombre sobre la mujer a la hora de heredar. Incluso en el caso de que un rey solo tuviera hijas, estas no podrían gobernar; debían buscar un primo, o algún otro pariente o incluso a un varón de fuera de la familia real para que accediera al trono. La ley sálica trataba también otros aspectos no relacionados con el linaje real, como la condena a la hoguera a las mujeres que practicaran la hechicería.

En la monarquía francesa han existido distintas versiones de la ley sálica, de tal forma que en Francia nunca ha reinado una mujer. De una u otra forma, la ley sálica se ha utilizado también en Hungría, Suecia o Dinamarca. En el caso del Sacro Imperio Romano Germánico existía la ley sálica, pero cuando el emperador Carlos VI de Habsburgo estaba a punto de morir sin hijos varones, promulgó la Pragmática Sanción de 1713, que permitía heredar a su hija María Teresa de Austria. Esta decisión originó la Guerra de Sucesión Austríaca. El país del mundo que más monarcas mujeres ha tenido es Inglaterra. Han gobernado siete reinas desde el siglo xvi hasta la actualidad. La primera de ellas fue lady Jane Grey, de la casa Tudor, durante nueve días en 1553. Posteriormente, ocuparon el trono María I Tudor, llamada María la Sanguinaria, Isabel I Tudor, María II Estuardo,

Ana Estuardo, Victoria I, que además fue emperatriz de la India, y, por último, la reina actual, Isabel II. Este récord mundial se debe a que en Inglaterra no ha existido nunca la ley sálica, a pesar de que hasta 2005 los varones tenían preferencia para heredar el trono antes que sus hermanas.

En la actualidad, la mayor parte de las monarquías europeas, con la excepción de España, han modificado sus leyes y Constituciones para permitir que las mujeres puedan acceder al trono en igualdad de condiciones con los hombres.

PREFERENCIA NO ES IGUAL QUE LEY SÁLICA

La Ley Sálica reza así: *Nulla portio hæreditatis de terra salica mullieri venial, sed ad virilem sexum tota hæredita.* Es decir, la tierra no puede pasar de ninguna manera a las mujeres, sino que la totalidad de la herencia debe quedar en manos del sexo masculino.

En España no ha habido nunca ley sálica. Prueba de ello es que eneste país ha habido tres reinas titulares: Isabel la Católica, Juana I, llamada «la Loca», e Isabel II. Sí ha existido siempre una preferencia del varón sobre la mujer para heredar el trono, que todavía sigue vigente.

Tras la Guerra de Sucesión española, Felipe V de Borbón intentó imponer la ley sálica, pero las Cortes de Castilla se negaron a aceptarlo. En su lugar se instauró la Ley de Sucesión Fundamental, que privaba a las mujeres del derecho a reinar siempre que hubiera «legítimos descendientes varones», lo cual incluía a hijos y hermanos varones del rey. La norma se mantuvo hasta que Carlos IV y su hijo Fernando VII obligaron a las Cortes a promulgar una Pragmática Sanción que permitió el acceso al trono de Isabel II, provocando las guerras carlistas, al haber una parte de la nobleza que pensaba que el heredero legítimo era el infante Carlos María Isidro.

La mujer en las monarquías islámicas

Ninguna monarquía islámica permite a las mujeres el acceso al trono. Al pertenecer a una tradición distinta a la europea, esta costumbre no recibe el nombre de ley sálica, pero el resultado es el mismo.

La Constitución del Reino de Marruecos establece que el trono real se transmite de padre a hijo, especificando que solo puede acceder a él un varón. Lo mismo ocurre en Arabia Saudí, Omán y en el resto de monarquías islámicas, donde incluso el papel ceremonial de las reinas consortes es muy pequeño.

¿Ha habido alguna vez una emperatriz en Japón?

A lo largo de la historia han existido ocho mujeres que han ocupado el cargo de emperatrices del Japón. Fue la Revolución Meiji de 1866-1869 la que introdujo la prohibición de que las mujeres accedieran al trono. En la actualidad la ley japonesa aún establece que solo los varones pueden ocupar el cargo de emperador. Ya en el siglo XXI se han producido intentos de cambiar esta normativa pero hasta la fecha no se han llevado a cabo.

26 ¿Monarquía constitucional o parlamentaria?

En la primera, los poderes del monarca se limitan por la Constitución; en la segunda, el rey carece de poder efectivo.

En la mayor parte de las monarquías constitucionales el rey comparte la soberanía con la nación. En las monarquías parlamentarias la soberanía pertenece en exclusiva a la nación.

Los conceptos de monarquía constitucional y monarquía parlamentaria se confunden con mucha frecuencia, pero tienen algunos rasgos que los diferencian.

Las monarquías constitucionales son aquellas donde los poderes del rey no son absolutos, sino que están limitados por una Constitución, y el propio monarca no puede alterarla por su mera voluntad. Con frecuencia el rey conserva el poder ejecutivo en mayor o menor grado: o bien lo ejerce él directamente, o bien puede nombrar un primer ministro y al resto del Gobierno con relativa libertad. También es habitual que el rey conserve un derecho de veto regio sobre las leyes aprobadas por el Parlamento y que posea derecho de gracia, es decir, la facultad de perdonar a un criminal condenado por los tribunales. En una monarquía constitucional el rey se ha convertido en una figura simbólica. Sus funciones son meramente protocolarias y no conserva ninguna de las atribuciones que en otras épocas estaban asociadas a la monarquía.

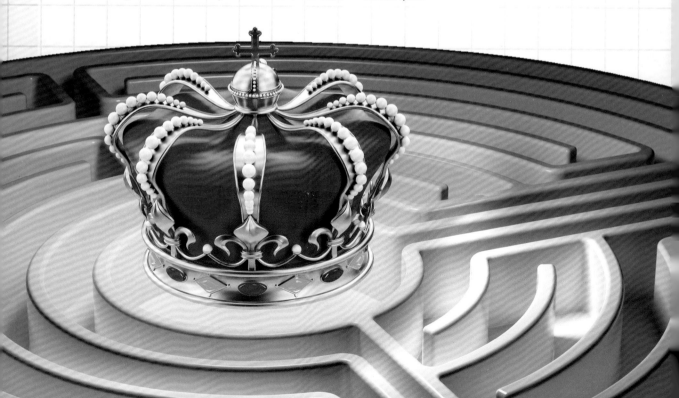

En la actualidad la mayoría de las monarquías del mundo son monarquías parlamentarias, como por ejemplo España, Suecia, Bélgica, Tailandia o Japón. Todavía existen ejemplos de monarquías constitucionales donde el rey conserva una serie de poderes que están limitados por la Constitución; son los casos de Marruecos, Jordania o Bután.

LA CARTA OTORGADA

Una Carta Otorgada es la Ley Fundamental de un Estado. Se diferencia de una Constitución en que el rey puede implantarla o cambiarla a su antojo sin necesidad de contar con la aprobación del Parlamento ni de los ciudadanos. Una monarquía con una Carta Otorgada no es una monarquía constitucional, sino una monarquía absoluta. En la historia constitucional de las monarquías europeas han existido varios ejemplos de Cartas Otorgadas: la Carta Constitucional francesa otorgada por Luis XVIII en 1814, o el Estatuto Real español promulgado por la regente Doña María Cristina de Borbón en 1834.

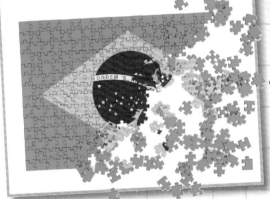

Entre 1822 y 1889 Brasil adoptó como forma de gobierno la monarquía constitucional, pasando a convertirse en el Imperio del Brasil.

Las primeras monarquías constitucionales y sus peculiaridades

La primera monarquía constitucional nació en uno de los pocos países del mundo que carecen de Constitución escrita, Inglaterra, y data de la Revolución Gloriosa de 1688, tras la cual el rey tuvo que aceptar una serie de limitaciones a su poder.

Después de la Revolución francesa de 1789 también se instauró en Francia una monarquía constitucional. Duró poco tiempo, ya que muy pronto sería sustituida por un sistema de gobierno republicano que, con diferentes alternativas, se mantuvo vigente hasta que Napoleón Bonaparte se convirtió en el hombre fuerte del país y estableció un imperio.

¿Y el Reino Unido no es una monarquía constitucional?

No, el Reino Unido es una monarquía parlamentaria, pero existe una confusión por el uso que se le da al término «constitucional» en el mundo anglosajón. En el Reino Unido no existe una Constitución escrita, pero se utiliza el término «constitucional» para todo aquello que está sujeto a las normas y tradiciones democráticas del país.

El monarca británico se diferencia de otros reyes parlamentarios en que aún goza de la llamada prerrogativa real, que es un conjunto de poderes políticos, como el nombramiento del primer ministro o la disolución del Parlamento. Aunque en teoría el soberano inglés puede ejercer la prerrogativa real libremente, la tradición constitucional inglesa le lleva a hacerlo siempre de acuerdo con el Gobierno o el propio Parlamento.

27 ¿Qué poder tiene el rey en una monarquía parlamentaria?

El rey reina, pero no gobierna.

En una monarquía parlamentaria el rey conserva atribuciones protocolarias en los tres poderes del Estado: el ejecutivo, el legislativo y el judicial.

Los reyes de las monarquías parlamentarias solo conservan funciones de naturaleza simbólica. Se trata de actos debidos en los cuales el monarca no tiene ninguna capacidad de decisión y se limita a ejecutar lo que le indican los responsables del poder político.

La mayor parte de las atribuciones regias pertenece al ámbito del poder ejecutivo. En una monarquía parlamentaria el monarca es el jefe del Estado y, por tanto, es él quien nombra al primer ministro. En España, después de las elecciones legislativas, escuchados los líderes de los partidos políticos, el rey propone al Congreso un candidato a presidente de Gobierno. Es el Congreso el que le otorga o no la confianza por medio de la votación de investidura. El rey convoca referendos para consultar al pueblo y disuelve al Parlamento. En la mayoría de los sistemas, el monarca también es el comandante en jefe o capitán general de los ejércitos y nombra, simbólicamente, a los altos funcionarios.

En el ámbito del poder legislativo el monarca tiene que sancionar y promulgar las leyes. Esto significa que cuando el Parlamento ha aprobado una ley, el rey ordena al pueblo que la acate. También es el monarca quien firma los tratados internacionales, ya que es su firma la que compromete al Estado al que representa.

El monarca parlamentario también ejerce funciones judiciales, ya que la justicia se imparte en nombre del rey, al igual que el derecho de gracia. El monarca, además, nombra a los jueces del país. Todos estos actos del rey requieren refrendo.

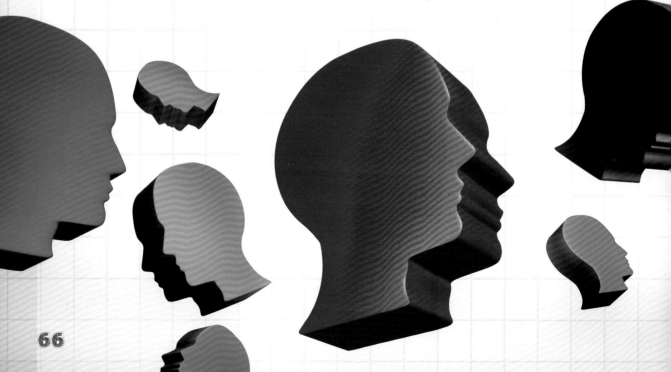

EXPLICANDO EL REFRENDO

El refrendo es un acto por medio del cual una autoridad política, normalmente un ministro o el jefe del Parlamento, da validez a los actos del rey. En las monarquías parlamentarias el rey tiene encomendadas una serie de funciones. Como no goza de libertad a la hora de llevarlas a cabo se le considera «irresponsable», lo que quiere decir que no se le puede responsabilizar ni política ni legalmente porque las decisiones no son suyas. Como símbolo de este refrendo los reyes no realizan nunca viajes oficiales al extranjero sin que le acompañe un miembro del Gobierno.

¿Qué son los actos personalísimos del rey?

Hay algunos actos, muy pocos, en los que se considera que un rey en una monarquía parlamentaria no necesita refrendo. Son los llamados actos personalísimos que no suponen ejercicio del poder político sino de su propia libertad como individuo.

El acto personalísimo del rey por excelencia es la abdicación. Aunque muchas Constituciones establecen que la abdicación debe resolverse mediante una ley, la doctrina coincide en que nadie puede prohibir a un monarca que abdique, ya que esta es una potestad consustancial al ser humano. En el siglo XXI se han dado los casos de la abdicación del papa Benedicto XVI, jefe de Estado del Vaticano, del rey de España Don Juan Carlos I y de la reina Beatriz de Holanda.

¿Qué ocurre si el rey no quiere sancionar y promulgar una ley?

La sanción y promulgación de las leyes implica que el rey firma las normas que emanan del Parlamento. Pero, ¿qué ocurre si el rey se niega a firmar?

En 1990 el rey Balduino I de Bélgica alegó una objeción de conciencia para no firmar la ley que despenalizaba el aborto en el país. La solución constitucional que se encontró fue que al monarca se le declarara una incapacidad temporal que duró 36 horas, durante las cuales el Gobierno asumió sus funciones. De esta forma, la ley del aborto en Bélgica fue firmada por el primer ministro y no por el rey.

En España la doctrina considera que si el rey se negara a firmar una ley o decreto esto no tendría importancia constitucional, y el acto se consideraría firmado de igual forma. Lo mismo ocurriría con cualquier otra potestad real.

Según la Constitución española, el monarca arbitra y modera el funcionamiento regular de las instituciones. Se considera que se trata de una cláusula de estilo, sin ningún significado concreto.

28 ¿Es verdad que la reina de Inglaterra es la jefa de Estado de Canadá?

Sí y de otros muchos Estados más, pero solo a título simbólico.

El monarca británico es jefe de Estado en 16 países diferentes situados en Europa, América y Oceanía.

Desde el siglo XVI la Corona de Inglaterra fue acumulando una serie de colonias situadas en América, Asia, África y Oceanía que terminaron conformando el llamado Imperio británico. Estados Unidos y Canadá fueron los primeros territorios en obtener su independencia en 1776 y 1867 respectivamente, aunque una primera gran oleada descolonizadora llegó en las primeras décadas del siglo XX con la formación de la Unión Sudafricana y la separación de Irlanda.

En 1931 se firmó el Estatuto de Westminster que dio vida a lo que hoy se conoce como la *Commonwealth*, la Comunidad de Naciones, que ha ido cambiando a lo largo del tiempo hasta convertirse en lo que es hoy. La *Commonwealth* aglutina a la mayoría de las antiguas colonias británicas, hoy convertidas en Estados soberanos e independientes. Algunos de ellos aún reconocen al monarca británico como jefe de Estado.

En la actualidad la *Commonwealth* está integrada por 53 miembros repartidos por los cinco continentes. En 16 de ellos el jefe de Estado es la misma persona, actualmente la reina Isabel II de Inglaterra. A pesar de compartir al jefe del Estado, todos ellos son autónomos, independientes entre sí y con distintos sistemas políticos.

En estos 16 reinos de la *Commonwealth* el monarca británico está representado por un gobernador general, excepto en el Reino Unido, donde no existe esta figura. Hasta mediados del siglo XX la costumbre era que el puesto de gobernador general fuera desempeñado por un miembro de la familia real o de la nobleza británica. En la actualidad son los primeros ministros de los 15 reinos quienes proponen a un nacional como gobernador, y este es nombrado de forma oficial por la reina. Es el gobernador general quien lleva a cabo la práctica totalidad de las funciones simbólicas y ceremo-niales reservadas a la Corona, como es la pro-mulgación y sanción de leyes o el nombramiento de los miembros del Gobierno.

LA *COMMONWEALTH* COMO ORGANIZACIÓN INTERNACIONAL

En la actualidad la *Commonwealth of Nations,* o Mancomunidad de Naciones, es una organiza-ción internacional que agrupa a un conjunto de Estados soberanos. Su principal finalidad es la cooperación internacional a nivel económico y político.

Desde hace algún tiempo, para pertenecer a la *Commonwealth* ya no es necesario poseer vín-culos históricos con el Reino Unido. Así, Mo-zambique y Ruanda, que nunca fueron colonias británicas ni tienen lazos con el Reino Unido, han entrado recientemente en la Mancomunidad.

En 1931 una British «Commonwealth» of Nations, una Mancomunidad Británica de Naciones, tomó el testigo del Imperio británico.

El caso de la India

En 1876 la reina Victoria de Inglaterra se convirtió en emperatriz de la India. Sus sucesores en el trono here-daron este título hasta que la India obtuvo su independencia en 1948.

La India pasó a formar parte de la *Commonwealth*, recibiendo el soberano británico el título de rey de la India, al igual que ocurre en los restantes reinos de esta Mancomunidad de Naciones.

En 1951 la India se convirtió en una República. Desde entonces sigue siendo miembro de la *Commonwealth*, aunque posee su propio jefe de Estado que es el presidente de la República.

Otros modelos de cooperación poscolonial

Al crear la *Commonwealth* en 1931, los británicos idearon un sistema para mantener vivos los lazos históricos y culturales que se forjaron durante los años de colonización. El nuevo sistema está basado en la igualdad de todos los Estados miembros, independientemente de su pasado, desde la óptica del respeto mutuo.

Otras antiguas potencias coloniales han intentado hacer lo mismo, creando organizaciones internacionales que agrupen en pie de igualdad a países que antiguamente formaron parte de sus ya extintos imperios. Así, las antiguas colonias portuguesas constituyen la Lusofonía y los países que en su momento fueron colonizados por Francia se unen hoy en la Francofonía. En ambos casos, el énfasis se pone en la cooperación cultural.

En el caso de la Comunidad Iberoamericana de Naciones, une a las naciones que hablan español y portugués tanto en América como en Europa. Su objetivo es la cooperación en todos los terrenos: político, económico y cultural. No existe una única organización como tal, sino una red de organismos diferentes y un sistema de cumbres que agrupa a los jefes de Estado y de Gobierno de la Comunidad cada dos años.

29 ¿Qué define a un sistema parlamentario?

El Parlamento elige al Gobierno y existe un Ejecutivo dual, con jefe de Estado y jefe de Gobierno separados.

El parlamentarismo surgió en Inglaterra tras la Revolución Gloriosa de 1688, pero no se extendió por Europa hasta la Revolución francesa de 1789.

Los sistemas parlamentarios más habituales son de dos tipos: monarquías y repúblicas, pero ambos comparten varias características.

La primera de ellas es la importancia que tiene el Parlamento. Los ciudadanos lo eligen por sufragio universal directo y por medio de un sistema electoral que varía de país a país. Constituido el Parlamento, este elige al jefe de Gobierno, que debe gozar de la confianza parlamentaria para gobernar durante la legislatura. La segunda característica es la existencia de un poder ejecutivo dual, en el cual las figuras del jefe de Estado y del jefe de Gobierno están separadas. El jefe de Estado puede ser el rey, en el caso de las monarquías, o el presidente, en el caso de las repúblicas, pero en ambos sistemas se trata de una figura simbólica cuyas funciones son ceremoniales. El jefe de Gobierno es un primer ministro, aunque puede adoptar otros nombres, como canciller en Alemania o presidente del Gobierno en España. Es él, con sus ministros, quien ejerce de forma efectiva el poder ejecutivo.

Existe una tercera característica. En la mayoría de los regímenes parlamentarios, el Gobierno es un órgano

colegiado. La mayor parte de los poderes los ejerce el Consejo de Ministros en su conjunto, no el primer ministro, a diferencia de las repúblicas presidencialistas donde la mayor parte de las competencias ejecutivas las posee el presidente.

UN EJEMPLO DE MONARQUÍA PARLAMENTARIA

La Constitución define a España como una monarquía parlamentaria y, efectivamente, su actual sistema político posee todos los elementos de un régimen de este tipo. El Parlamento español recibe el nombre de Cortes Generales y está dividido en dos cámaras, el Congreso y el Senado. El Congreso es elegido por sufragio universal directo mediante un sistema de representación proporcional corregido y ocupa un lugar central en la vida política del país. Es el Congreso el que elige al presidente del Gobierno, quien a su vez nombra a sus ministros.

El Poder Ejecutivo es dual. El jefe de Estado es el rey, actualmente Felipe VI de Borbón, cuyas funciones son de naturaleza protocolaria. La cabeza del poder ejecutivo es el primer ministro, que en España recibe el nombre de presidente del Gobierno. El poder ejecutivo lo ejerce de forma conjunta el Consejo de Ministros a través de la promulgación de Reales Decretos.

¿Alemania es una república parlamentaria?

Sí, Alemania es un ejemplo clásico de república parlamentaria. El Parlamento, bicameral, se organiza en el *Bundestag* y el *Bundesrat*. El Bundestag, votado democráticamente por la población alemana, es quien a su vez elige al primer ministro, que recibe el nombre de canciller. El ejecutivo es dual, ya que además del canciller existe la figura del presidente de la República; se trata de una figura simbólica con poderes ceremoniales y representativos, aunque tiene algunas competencias políticas en caso de emergencia. Lo elige por cinco años la Asamblea Federal de Alemania o *Bundesversammlung*, un órgano compuesto por los diputados de la cámara baja e igual número de representantes de los parlamentos federales, cuya única función es la elección del presidente.

El Sistema Westminster

Se conoce como Sistema Westminster a un modelo concreto de sistema parlamentario que está inspirado en la organización política del Reino Unido. El Sistema Westminster puede aplicarse tanto a monarquías como a repúblicas, pero tiene una serie de características distintivas. La primera de ellas es la adopción de un sistema electoral de carácter mayoritario, con circunscripciones uninominales donde el candidato ganador es quien obtiene el escaño, quedando las minorías sin representación. Este sistema electoral favorece en gran medida el bipartidismo. Una singularidad del Sistema Westminster es la existencia del *Shadow Cabinet*, un «gobierno en la sombra» formado por la oposición parlamentaria que se ocupa de seguir día a día la labor del Gobierno.

En la actualidad ningún país de América Latina se rige por un sistema parlamentario, aunque hubo dos ejemplos en el pasado: Chile y Brasil.

30 ¿Qué diferencia a Parlamento, Congreso y Senado?

El bicameralismo.

Se habla de bicameralismo simétrico cuando las dos cámaras tienen poderes similares, y asimétrico o imperfecto cuando una de ellas tiene mucho más poder que la otra.

En la actualidad en muchos Estados existe un Parlamento bicameral. Esto significa que está compuesto por dos cámaras separadas que ejercen el Poder Legislativo de forma conjunta, pero que se eligen de manera diferente y tienen funciones ligeramente distintas.

El origen del bicameralismo se remonta al Antiguo Régimen, cuando los nobles tenían una representación separada de la gente del común. Los nobles se reunían en la llamada cámara alta y el pueblo en la cámara baja. Esta nomenclatura ha persistido hasta la actualidad, aunque ahora los aristócratas no gozan de una representación separada.

En la mayor parte de los sistemas parlamentarios bicamerales, la cámara baja es la más poderosa de las dos. Se elige por sufragio universal directo, buscando una representación más o menos fiel de la población. Es esta cámara la que nombra al primer ministro y la que controla la labor del Gobierno.

La cámara alta, por su parte, suele ser una cámara de representación territorial, aunque a veces también acoge a personas notables o de reconocido prestigio. Su misión suele consistir en hacer una segunda lectura de las leyes; también tiene competencias en política territorial.

La nomenclatura parlamentaria cambia mucho de país a país y es a menudo fuente de confusiones,

ya que una misma denominación puede referirse a conceptos distintos.

En España el Parlamento en su conjunto recibe el nombre de Cortes Generales. La cámara baja es el Congreso de los Diputados y la cámara alta es el Senado. En Francia, la cámara baja recibe el nombre de Asamblea Nacional. Por su parte, en Estados Unidos el Parlamento en su conjunto se llama Congreso, la cámara baja es la Cámara de Representantes y la cámara alta es el Senado.

LA CÁMARA DE LOS LORES BRITÁNICA

La Cámara de los Lores del Reino Unido es la única cámara alta del mundo cuyos miembros no son elegidos, sino que pertenecen a ella por derecho propio. Se dividen en lores espirituales, que son jerarcas de la Iglesia Anglicana, y lores temporales, que son o bien miembros de la aristocracia británica o bien personas de reconocido prestigio nombradas por la reina a instancias del primer ministro. Hasta hace poco tiempo la Cámara de los Lores conservaba importantes poderes en el sistema político británico, ejerciendo por ejemplo de Tribunal Supremo.

En la actualidad esta cámara se limita a realizar una segunda lectura de las leyes, pudiendo interponer un veto que la cámara baja o Cámara de los Comunes puede levantar con facilidad.

La opinión de la Cámara de los Lores sigue teniendo una gran importancia en la opinión pública, ya que gran parte de sus miembros son expertos juristas en vez de políticos.

Los parlamentos con una sola cámara se denominan unicamerales. Aunque el bicameralismo es más frecuente, existen notables ejemplos de unicameralismo, como son los casos de Perú, Ecuador, Noruega, Suecia o Finlandia.

¿Qué funciones tiene el Senado en España?

España posee un bicameralismo imperfecto o asimétrico, lo cual significa que la mayoría de los poderes recaen sobre el Congreso de los Diputados y no sobre el Senado. El Senado hace una segunda lectura de las leyes, pudiendo proponer reformas o interponer un veto que se levanta con la mayoría absoluta del Congreso. Su función más destacada está contenida en el artículo 155 de la Constitución: en caso de que una Comunidad Autónoma desobedezca las leyes o la Constitución, el Gobierno podrá solicitar al Senado que declare la suspensión temporal de su autonomía.

El poder real del Senado de Estados Unidos

En Estados Unidos el Senado está formado por dos representantes de cada uno de los estados elegidos directamente por su ciudadanía. Tiene la misión de confirmar o denegar los nombramientos que propone el presidente, incluidos los secretarios del Gabinete o los jueces del Tribunal Supremo. Realiza el *impeachment* o juicio político al jefe del Estado y debe autorizar la firma de los tratados internacionales.

31 Pero, ¿sirve para algo el Parlamento?

Ostenta el poder legislativo.

El Parlamento tiene la misión principal de expresar la voluntad popular.

En cualquier sistema político, el Parlamento tiene dos funciones primordiales: la elaboración de las leyes y la aprobación del presupuesto del Estado. En los regímenes parlamentarios reúne además otras competencias.

La potestad legislativa del Parlamento es sin duda la más importante. Cada país posee un procedimiento legislativo diferente, aunque los elementos básicos son los mismos. Se comienza con un proyecto o proposición de ley, que puede emanar del Gobierno, de los propios diputados, de los entes regionales o de una iniciativa popular secundada por un número determinado de firmas. Este proyecto se debate en una comisión parlamentaria hasta que se elabora un borrador, que a continuación pasa al Pleno de la cámara para su aprobación. En sistemas bicamerales el Senado hará una segunda lectura del texto y tendrá la opción de plantear modificaciones o incluso de oponer su veto, aunque este podrá ser levantado por una mayoría cualificada en la cámara baja. En casi todos los casos, el Parlamento desempeña un papel clave en la modificación de la Constitución. Puede ser necesario convocar nuevas elecciones legislativas para establecer una Asamblea o Cortes Constituyentes, pero en cualquier caso serán los parlamentarios los que elaborarán el proyecto de Constitución que habrá que presentar al pueblo. El Parlamento es también

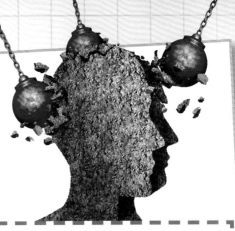

Las Cortes de León de 1188, consideradas el primer Parlamento del mundo, promulgaron leyes nuevas destinadas a proteger a los ciudadanos de los abusos de los nobles, del clero y del propio rey. A este conjunto de normas se le ha dado la denominación de «Carta Magna Leonesa».

el encargado de aprobar el presupuesto del Estado mediante un procedimiento similar al de la tramitación de una ley.

En un sistema parlamentario, la cámara baja tiene la misión adicional de otorgar y retirar la confianza al Gobierno, de forma que este responderá siempre ante la mayoría parlamentaria. También ejerce la función de control al Ejecutivo, ya que sus miembros están obligados a comparecer ante las cámaras para dar explicaciones cada vez que estas lo soliciten. El Parlamento realiza una serie de nombramientos relacionados con los otros poderes del Estado, como por ejemplo el Poder Judicial.

LA POTESTAD DEL GOBIERNO PARA LEGISLAR

En casos de extraordinaria y urgente necesidad, el Gobierno puede legislar a través de un instrumento que recibe el nombre de decreto ley, que entra en vigor sin necesidad de pasar por el Parlamento. Hay algunas materias que no pueden ser objeto de un decreto ley, como el régimen electoral. Existe un plazo, que suele ser aproximadamente de un mes, para que el Gobierno someta el decreto ley a debate y aprobación por parte del Parlamento. Si este no lo convalida, el decreto ley queda derogado. El Gobierno también puede legislar a través de los decretos legislativos, que se utilizan para la elaboración de textos refundidos o articulados. En este caso, es el Parlamento el que delega en el Gobierno la potestad legislativa mediante una ley de bases.

¿Puede el Parlamento prohibir casarse al rey?

En la mayoría de las monarquías parlamentarias los órganos legislativos tienen algunas funciones relacionadas con la Corona.

En el caso de España la Constitución establece que si una persona que tiene derecho a la sucesión al trono contrae matrimonio contra la expresa prohibición del rey y de las Cortes Generales quedará automáticamente excluida de la línea de sucesión. En el sistema español, tanto el príncipe heredero como el monarca juran su cargo ante las Cortes Generales, que además resuelven la abdicación y son las encargadas de nombrar regente.

Las particularidades de la Cámara de los Comunes

La Cámara de los Comunes del Reino Unido es el órgano parlamentario en activo más antiguo del mundo. Fue establecida en el siglo XIV. Su composición y atribuciones han cambiado mucho desde entonces, pero su larga historia ha legado algunas particularidades.

Una de ellas es que, al contrario de lo que ocurre en otros sistemas parlamentarios, no es necesaria una votación de la cámara para nombrar al primer ministro. En teoría, la Reina puede nombrar a quien considere, aunque por convención elegirá siempre a un candidato que sea miembro de los Comunes y que goce del mayor apoyo parlamentario.

¿Quién manda en el Parlamento?

La mayoría de las cámaras parlamentarias tienen un presidente o portavoz. Los distintos diputados se dividen en grupos.

La práctica totalidad de los Parlamentos del mundo poseen autonomía para dictar sus reglamentos internos, administrar sus presupuestos y definir el estatuto de sus miembros.

En los sistemas políticos parlamentarios los órganos legislativos están compuestos por diputados o senadores que, en general, se adscriben a uno u otro partido político. Aunque existe la llamada disciplina de partido –que es un deber moral de los parlamentarios de votar en consonancia con los demás miembros de su formación política– desde un punto de vista legal, los miembros del Parlamento son libres de votar lo que su conciencia les dicte.

Los Parlamentos cuentan con una serie de órganos de dirección y administración. El más importante de ellos es el de presidente o portavoz, el *speaker* en la tradición anglosajona, que modera los debates y ejerce la representación de la cámara. También existe una mesa compuesta por uno o varios vicepresidentes y vocales o secretarios, que se ocupan del gobierno diario de la cámara y de ordenar los debates. Tanto el presidente como los demás miembros de la mesa son elegidos por los propios diputados atendiendo a las mayorías parlamentarias. Los miembros del Parlamento que pertenecen a un mismo partido político constituyen un grupo parlamentario, que recibe fondos públicos para su mantenimiento. Suele haber

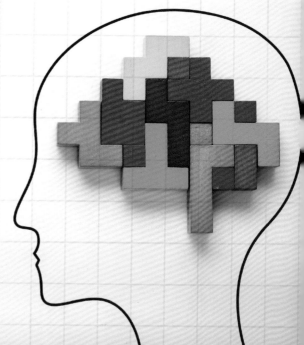

un número mínimo de diputados para que se pueda conformar grupo propio. Si un partido tiene menos diputados de los requeridos, sus miembros se unirán a otras formaciones políticas minoritarias en el llamado grupo mixto.

Las cámaras parlamentarias cuentan también con juntas de portavoces, en las cuales se reúne el presidente con los portavoces de los distintos grupos para pactar el orden del día de cada sesión.

PODERES DEL PRESIDENTE DE LAS CORTES GENERALES

En España el presidente del Congreso de los Diputados lo es también de las Cortes Generales. Es la tercera autoridad protocolaria del Estado, después del rey y del presidente del Gobierno.

Al igual que sus homólogos del resto del mundo, el presidente de las Cortes modera los debates en el seno del Congreso y ejerce su representación protocolaria. Junto a la mesa del Congreso y la junta de portavoces, ordena los debates y elabora el orden del día. El presidente de las Cortes españolas tiene además una serie de funciones políticas de primer orden. Cuando procede nombrar un nuevo presidente del Gobierno, el rey realiza su propuesta al Congreso a través de su presidente. Una vez realizada la votación de investidura, es el presidente del Congreso quien propone al rey que nombre al presidente del Gobierno y el que lo refrenda en dicho acto. Si la investidura resulta fallida y hay que convocar nuevas elecciones, el rey lo hace también con el refrendo del presidente de la cámara baja.

Hasta el año 2005, el Lord Canciller del Reino Unido presidía la Cámara de los Lores además de ser el máximo responsable del funcionamiento de los tribunales británicos. El Lord Canciller tenía un rango protocolario superior incluso al del primer ministro.

Los orígenes del Portavoz de la Cámara de los Comunes

La figura del *Speaker of the House*, que ostenta la presidencia de la cámara baja en el Reino Unido, se remonta a los tiempos de su propia fundación. El primer portavoz parlamentario de la historia inglesa, en 1258, fue Peter de Montfort, un militar y diplomático que fue designado por el rey para llevar a cabo esta tarea. En la actualidad el portavoz de la cámara es elegido por los miembros del Parlamento y continúa en su puesto hasta la disolución del mismo.

¿El vicepresidente de Estados Unidos es presidente del Senado?

Sí, ambos cargos están unidos. Recordemos que Estados Unidos no es un sistema parlamentario, sino una república presidencialista. El presidente y el vicepresidente son elegidos de forma indirecta por votación popular, y el vicepresidente pasa de forma automática a presidir el Senado, aunque solo ejerce el derecho a votar en caso de que se dé un empate. Además del vicepresidente, el Senado americano tiene un presidente *pro tempore*, que sería el equivalente a un portavoz parlamentario al uso.

33 ¿Qué es el fuero parlamentario?

Para que un miembro del Parlamento pueda ser juzgado por un tribunal, la cámara a la que pertenece tiene que aprobarlo.

El fuero parlamentario es un conjunto de inmunidades y privilegios en materia de derecho penal del que gozan los miembros de un Parlamento democrático.

Las inmunidades y privilegios de los diputados se remontan a los primeros tiempos de la separación de poderes. Los parlamentarios tenían miedo de contrariar los deseos del rey en el seno de la cámara legislativa, ya que este podía amenazarlos con llevarlos a prisión o buscar cualquier excusa para encarcelarlos. Para evitarlo se crearon dos figuras: por un lado, la inmunidad parlamentaria, que impide que un diputado o senador sea juzgado sin autorización expresa de sus pares y, por otro, los privilegios parlamentarios, que pueden incluir, por ejemplo, el hecho de que deban ser juzgados necesariamente por el máximo tribunal de cada país.

En los sistemas democráticos actuales la inmunidad parlamentaria está casi universalmente extendida. En caso de que existan indicios de que un diputado o senador haya cometido un delito, el tribunal competente debe enviar un escrito al Parlamento en el que solicita autorización para someterlo a juicio. En España, este escrito recibe el nombre de suplicatorio. Si la cámara da su autorización se puede proceder con el juicio; si no lo hace, no se podrá juzgar a la persona en cuestión.

En Estados Unidos, que es un sistema presidencialista, existe también un tipo de inmunidad parlamentaria llamada *Speech or Debate Clause*. Esta cláusula constitucional indica que un congresista no podrá ser detenido en ningún caso mientras participa en una reunión de la cámara, ni perseguido por ninguna afirmación realizada durante su intervención. En alguna ocasión se ha intentado utilizar este privilegio para revelar secretos oficiales, ya que las intervenciones de los congresistas son públicas.

¿QUÉ SIGNIFICA QUE UN CARGO PÚBLICO ESTÁ AFORADO?

El aforamiento significa que una persona, normalmente un cargo público, no puede ser juzgado por cualquier tribunal. En caso de tener que acudir a juicio, verá la causa el más alto tribunal del Estado o región en que el aforado ejerza sus funciones.

En España no solo están aforados los miembros de las Cortes Generales y de las Asambleas legislativas de las Comunidades Autónomas, sino también los miembros de la familia real, algunos cargos públicos y los jueces y magistrados. El aforamiento implica que los aforados habrán de ser juzgados o bien por el Tribunal Supremo o bien por los Tribunales Superiores de Justicia de las Comunidades Autónomas, en función del cargo que ostente el aforado.

El privilegio parlamentario en el Sistema Westminster

En el Reino Unido y en los países donde se aplica el Sistema Westminster, el privilegio parlamentario se centra en la libertad de expresión, en la inviolabilidad ante el arresto y en una serie de inmunidades sobre las acciones llevadas a cabo en ejercicio del cargo.

En el Reino Unido, el privilegio parlamentario tiene la particularidad de que es reclamado al monarca por el *Speaker of the House* de modo ceremonial al principio de cada legislatura. Incluye, además, el libre acceso de los miembros del Parlamento a la Corona.

La irresponsabilidad de los diputados franceses

En el sistema francés los diputados gozan de inviolabilidad e «irresponsabilidad». Esto significa que los parlamentarios no pueden incurrir en el delito de difamación mientras participan en una sesión de la cámara, por lo que pueden hacer cualquier afirmación que les parezca oportuna, aunque en otro contexto pudiera ser considerada difamatoria. Este privilegio no se extiende a entrevistas de radio o televisión o a las intervenciones públicas que pudiera realizar el diputado, sino únicamente a las palabras pronunciadas en el Parlamento.

La Constitución argentina establece que es necesario el voto afirmativo de las dos terceras partes de la cámara para que uno de sus miembros pueda ser juzgado por los tribunales.

34 ¿Cuál es el papel de los partidos políticos?

Son un pilar fundamental de los regímenes parlamentarios, pero cuando se degradan dan lugar a la «partitocracia».

Los partidos políticos son organizaciones de interés público que pretenden fomentar y canalizar la participación de los ciudadanos en la vida política.

Prácticamente todos los países del mundo gozan de un sistema de partidos. Las democracias poseen sistemas bipartidistas o multipartidistas. En los países autoritarios, por el contrario, son corrientes los regímenes de partido único, donde el unipartidismo puede ser puro, hegemónico o predominante.

En el siglo XIX, y a principios del XX, eran frecuentes los llamados partidos de cuadros, que se definían como clubes de caballeros (recordemos que las mujeres no tenían derecho al sufragio en aquella época) que nacían en el seno del Parlamento y estaban dirigidos solo a unas élites intelectuales y económicas, que eran las que tenían derecho al voto. En la actualidad predominan los partidos de masas, cuya intención es influir sobre la opinión pública y canalizarla para transformarla en votos.

El hecho de que en la actualidad los partidos estén orientados a las masas no significa que ya no estén dirigidos por una élite. De hecho una de las mayores críticas que se realizan a la democracia de partidos es que contribuye a la formación de una clase política profesional, llamada *establishment* en inglés, o «la casta» en español, que coopta los cargos públicos sin que exista una auténtica renovación.

Los partidos políticos se han definido en función de su ideología. Desde los orígenes del sistema parlamentario e incluso antes, en la antigua Roma, ha existido un grupo partidario de mantener el *statu quo*, llamado conservador, y otro que ha defendido introducir cambios en la sociedad, denominado progresista. El eje de conservadores y progresistas pasó a denominarse, desde la Revolución francesa, derecha e izquierda respectivamen-

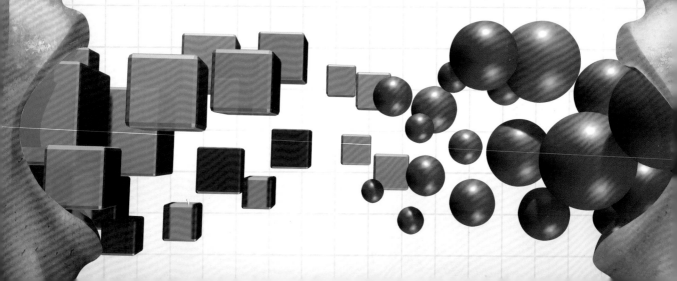

te, ya que estas eran las posiciones que adoptaban sus representantes en el hemiciclo. En la actualidad se habla del fin de las ideologías, ya que muchos partidos han abandonado sus tradicionales postulados de izquierda y derecha para converger en un espacio ideológico llamado centro político.

LOS *TORIES* Y LOS *WHIGS*

Los partidos políticos tal y como los conocemos tuvieron su origen en el parlamentarismo británico del siglo XIX, en los clubes de caballeros que se conformaron en el seno de la Cámara de los Lores y de los Comunes. Estos clubes pronto convergieron en dos asociaciones principales: los *Tories* y los *Whigs*.

Tories es el nombre que recibieron los conservadores británicos. En un principio era despectivo, ya que *tory* significa bandolero o forajido, pero los propios conservadores abrazaron esta denominación que continúa hoy. Los *Whigs*, por su parte, eran miembros del partido liberal y tenían la condición de progresistas hasta que surgió el partido laborista, socialdemócrata. El partido desapareció en el siglo XIX y volvió a fundarse en 2014.

En los años posteriores a la Revolución francesa de 1789 hubo dos facciones políticas rivales que pueden considerarse precursoras de los actuales partidos políticos: los jacobinos, de ideología más radical, y los girondinos, más moderados.

Militantes, afiliados y simpatizantes

En el seno de un partido político hay que distinguir tres clases de personas: los militantes, los afiliados y los simpatizantes. Los militantes son personas que trabajan activamente por el partido. Algunos ocupan cargos orgánicos en su estructura e incluso pueden percibir alguna remuneración. Entre los militantes se suele seleccionar a los candidatos a ocupar cargos públicos, aunque otros militantes trabajan de forma desinteresada por la defensa de unos ideales, colaborando con el partido en campañas electorales y otros actos. Los afiliados son personas que han dado el paso de hacerse miembros del partido. Pagan una cuota para contribuir al mantenimiento de sus gastos, pero que por una razón u otra no trabajan de forma activa dentro del mismo. En ocasiones pueden participar en algún acto de masas para apoyar a algún líder o candidato. Los simpatizantes, en fin, son personas que comparten la ideología de un determinado partido pero que no se consideran vinculados al mismo.

Los partidos políticos en la Unión Europea

Existe una institución que es elegida directamente por los ciudadanos, el Parlamento Europeo. Los eurodiputados se agrupan en su seno en grupos parlamentarios, que a su vez están vinculados con partidos políticos europeos. Estas organizaciones son, en realidad, federaciones o agrupaciones de partidos que aglutinan en su seno a distintas organizaciones nacionales europeas de igual ideología.

35 ¿Qué son las primarias?

Es un proceso democrático mediante el cual un partido político elige a su candidato para un determinado cargo público.

Existen distintos tipos de primarias según quién pueda votar: solo los afiliados o la ciudadanía en general.

Los partidos políticos democráticos tienen dos formas principales de elegir a sus candidatos: los congresos y las primarias. Mediante el sistema de primarias son los afiliados quienes escogen al que será el candidato del partido, aunque en algunos casos se amplía del derecho de voto a la ciudadanía en general.

En los primeros sistemas de primarias, los afiliados o simpatizantes de un partido político elegían a una serie de delegados, que se comprometían a votar por un determinado candidato en la convención del partido. Estos delegados se unían a los llamados «superdelegados», o delegados natos, que eran determinados cargos públicos que pertenecían al partido en cuestión y que, por el hecho de serlo, ya formaban parte de la convención. Era la convención la que designaba finalmente al candidato. Este sistema es el que se sigue usando en las primarias presidenciales en Estados Unidos, tanto en el Partido Republicano como en el Demócrata.

En otras modalidades de elecciones primarias, la persona votada en las primarias por los afiliados o, en su caso, por la ciudadanía en general, pasa de forma automática a convertirse en candidata, sin necesidad de que se celebre ninguna convención.

En algunos países, como Estados Unidos, las primarias son obligatorias por ley y, por tanto, es la Administración Pública la que corre con su organización. En Europa no es costumbre que el Estado organice las primarias, sino que son los propios partidos políticos los que deciden en sus estatutos si van a utilizar este sistema o no y los encargados de implementarlo.

En algunos estados de Estados Unidos se utiliza un sistema especial de primarias que, a todos los efectos, convierte el proceso en una elección a doble vuelta. Todos los precandidatos de los distintos partidos concurren a las primarias a la vez y todos los ciudadanos pueden participar, de forma que solo los dos precandidatos más votados pasan a la elección.

LOS CONGRESOS DE LOS PARTIDOS

Antes de que se generalizara el sistema de primarias, la mayoría de los partidos políticos elegían a sus candidatos durante la celebración de un congreso. El congreso es el máximo órgano de gobierno de un partido, en el cual participan una serie de compromisarios que son elegidos por los propios afiliados. Existen, además, una serie de compromisarios natos que participan en el congreso por razón de su cargo, como los miembros del Parlamento por ese partido o las personas que ocupan cargos públicos.

El congreso se parece en cierta forma a la convención que se celebra en Estados Unidos para elegir al candidato presidencial después de las primarias, con la diferencia de que los compromisarios no suelen haberse comprometido de antemano a votar por ningún candidato.

El primer país del mundo en utilizar primarias fue Estados Unidos, aunque desde entonces se ha extendido a una gran parte de los estados democráticos.

¿Qué es el «Caucus» de Iowa?

En la política de Estados Unidos el término *Caucus* tiene dos significados diferentes, lo cual es con frecuencia motivo de confusión.

Por un lado, en el seno del Congreso americano se denomina *Caucus* a una asociación de congresistas que comparten una ideología similar, aunque no pertenecen necesariamente al mismo partido, y quizá algún rasgo étnico concreto. Hay un *Congressional Black Caucus* que reúne a los senadores y representantes de origen afroamericano, la mayoría de los cuales pertenecen al Partido Demócrata.

Por otro lado, el sistema de primarias de algunos estados recibe también el nombre de *Caucus*. En concreto, el *Caucus* de Iowa es la primera elección primaria que se celebra en la carrera presidencial americana y tiene gran importancia política por la expectación que genera en la opinión pública. Se dice que los candidatos que ganan en el *Caucus* de Iowa en ambos partidos generan un *momentum* que influye sobre los resultados de las primarias en el resto de estados.

Elecciones primarias fuera de América

Hasta hace algunos años todos los partidos políticos españoles elegían a sus candidatos a través de alguna variante del sistema de congresos. Sin embargo, en los últimos años las distintas formaciones políticas han ido introduciendo las primarias hasta que, en la actualidad, la mayoría de los partidos principales contemplan alguna variante de este sistema.

En las primarias españolas, los militantes y afiliados y, en algunos casos, también los simpatizantes, suelen elegir al presidente o secretario general del partido. Los candidatos de los partidos políticos a los distintos cargos públicos son elegidos en la mayoría de los casos por sus órganos internos, aunque en algunos casos también recurren a primarias.

¿Cómo se elige a un primer ministro?

En los sistemas parlamentarios es el Parlamento el que elige al Ejecutivo.

La elección del jefe de Gobierno de un sistema parlamentario se hace mediante la llamada votación de investidura, en la cual el Parlamento otorga su confianza al candidato propuesto.

En los sistemas parlamentarios el jefe de Gobierno no es elegido directamente por los ciudadanos. Lo nombra el jefe de Estado tras haber comprobado que el candidato goza de mayoría parlamentaria. Cada país tiene un sistema sutilmente diferente, pero en lo esencial todos son muy parecidos. Tras la celebración de elecciones generales se constituye el Parlamento, cuya composición refleja las tendencias políticas manifestadas por la población.

Una vez constituido el Poder Legislativo, el jefe de Estado selecciona a un candidato a primer ministro que, en su opinión, gozará de suficiente apoyo parlamentario para formar Gobierno. En algunos Estados el primer ministro tiene que ser obligatoriamente uno de los diputados recién elegidos, pero en otros puede ser cualquier persona. A continuación el Parlamento procede a votar al candidato propuesto por el jefe de Estado. Si este candidato obtiene una mayoría suficiente, se le considera investido de la confianza parlamentaria y el jefe de Estado procederá a nombrarlo primer ministro. Si el candidato no obtiene una mayoría suficiente se abre un nuevo periodo en el que el jefe de Estado, o el propio Parlamento, van proponiendo nuevas candidaturas para intentar que alguna de ellas obtenga la investidura.

Si en un periodo de tiempo que ronda los tres meses ningún candidato ha obtenido una mayoría suficiente para formar Gobierno, se convocan de forma automática nuevas elecciones. El resto de miembros del Gobierno, es decir, los ministros, son nombrados por el jefe de Estado a propuesta del primer ministro. No es habitual que los ministros tengan que recabar la confianza del Parlamento, aunque esto ocurre en sistemas como el de Perú.

EL REY Y EL PROCESO DE INVESTIDURA

El proceso de nombramiento del presidente del Gobierno en España sigue las normas de los sistemas parlamentarios. Tras la celebración de elecciones generales y la constitución de las nuevas Cortes Generales, se abre un periodo de consultas durante el cual el rey se reúne con los representantes de los grupos políticos que han obtenido representación parlamentaria. Como resultado, el rey propondrá al Congreso un candidato para la presidencia del Gobierno. Este candidato necesita mayoría absoluta en la primera votación o mayoría simple en las siguientes. Si lo logra, el rey lo nombra presidente del Gobierno. Si no, se abre una nueva ronda de consultas y el rey propondrá otro candidato. Si a los 90 días de la primera votación ningún candidato consigue la confianza del Congreso, el rey convocará nuevas elecciones.

En realidad el monarca español apenas tiene margen de maniobra. Aunque la Constitución no le impone restricciones al proponer candidatos, la única forma de lograr la investidura es con la mayoría de votos de los diputados, por lo que el rey se ve obligado a proponer al candidato que goza del respaldo del partido más votado. En España el presidente del Gobierno no tiene por qué ser miembro del Congreso, aunque hasta hoy todos los jefes de Gobierno de la democracia española, menos uno, han sido diputados.

El primer ministro británico

El sistema político parlamentario tal y como lo conocemos tuvo su origen en Inglaterra. A pesar de ello, la monarquía parlamentaria del Reino Unido tiene sutiles diferencias. Una de ellas afecta al nombramiento de primer ministro. Como el Reino Unido carece de Constitución escrita, no hay ninguna norma que obligue a la reina a nombrar al candidato que goce de la mayoría parlamentaria. En teoría, el monarca británico puede designar al primer ministro que desee, pero la tradición le obliga a elegir al candidato que goce del apoyo mayoritario de la Cámara de los Comunes. Si el primer ministro pierde ese apoyo por la aprobación de una moción de censura, por ejemplo, la convención le obliga a dimitir o a disolver el parlamento y celebrar nuevas elecciones.

La figura de los primeros ministros se remonta a los validos, o personas de confianza de los reyes, que en algunos periodos de las edades Media y Moderna gobernaban en nombre del monarca cuando este no tenía interés en los asuntos políticos.

¿El presidente de la Comisión Europea es un primer ministro?

El presidente del Consejo Europeo sería semejante a un jefe de Estado, y el presidente de la Comisión tendría cierta analogía con un primer ministro. El proceso de nombramiento del presidente de la Comisión es en cierta forma parecido al de un primer ministro. Tras las elecciones al Parlamento Europeo, el presidente del Consejo inicia una ronda de consultas con los grupos parlamentarios y propone un candidato a presidente de la Comisión, que se debe aprobar por una mayoría cualificada. Este candidato se somete a una votación de investidura en el Parlamento Europeo. Si obtiene la mayoría suficiente es nombrado presidente la Comisión.

37 ¿El Parlamento puede cesar al Gobierno? ¿Y al revés?

En los sistemas parlamentarios, sí.

La moción de censura, la cuestión de confianza y la disolución del Parlamento por el Gobierno son mecanismos de equilibrio entre los poderes ejecutivo y legislativo.

En los sistemas parlamentarios el Gobierno debe contar con la confianza del Parlamento. Esto se traduce en que el primer ministro debe someterse a un procedimiento de investidura antes de acceder al cargo, pero también implica que el Ejecutivo puede perder la confianza de la cámara en cualquier momento de su mandato, en cuyo caso será destituido.

Existen dos procedimientos mediante los cuales el Parlamento puede cesar al Gobierno. El primero de ellos es la moción de censura, que se celebra a iniciativa de los propios diputados. Si se da el caso de que la moción de censura triunfa, el Gobierno queda destituido. Existen dos tipos de moción de censura: la destructiva y la constructiva. La moción de censura destructiva se limita a cesar al jefe de Gobierno y al resto de ministros, con lo cual el Parlamento deberá proceder a nombrar a un nuevo primer ministro mediante los procedimientos previstos para ello. La moción de censura constructiva incluye a un candidato alterativo a la jefatura de Gobierno, por lo que si sale adelante, este queda automáticamente investido.

La cuestión de confianza, por el contrario, la plantea el primer ministro como una manera de poner a prueba el apoyo del Parlamento. Puede hacerlo de forma genérica o uniendo la cuestión de confianza a la aprobación de alguna ley en concreto. Si el Gobierno pierde la votación en la cámara, se entenderá que ha perdido la confianza del Parlamento y por tanto quedará destituido.

Por otro lado, el primer ministro también tiene la posibilidad de disolver el Parlamento y convocar por tanto nuevas elecciones. Obviamente este paso implica también el cese del propio Gobierno, por lo que es un instrumento que suele utilizarse con gran prudencia. De esta forma, se mantiene una relación equilibrada entre los poderes ejecutivo y legislativo.

REQUISITOS DE LA MOCIÓN DE CENSURA EN ESPAÑA

En el sistema español el Congreso de los Diputados puede exigir la responsabilidad política del Gobierno mediante una moción de censura, que debe ser propuesta, al menos, por la décima parte de los miembros de la cámara. La moción de censura no se votará hasta que transcurran cinco días desde su presentación. En los dos primeros días de dicho plazo, cabe la posibilidad de presentar mociones alternativas. En el caso de que la moción de censura no sea aprobada por el Congreso, los diputados que la han propuesto no podrán presentar otra durante el mismo periodo de sesiones.

La moción de censura en España es de carácter constructivo, lo cual significa que debe incluir a un candidato alternativo a la presidencia del Gobierno. En caso de que la moción salga adelante, el candidato se considerará automáticamente investido de la confianza del Congreso y el rey procederá a nombrarlo presidente del Gobierno.

LA DISOLUCIÓN DE LA DUMA EN RUSIA

Al igual que Francia, la Federación Rusa cuenta con un sistema de gobierno semipresidencialista, que combina la existencia de un presidente elegido por sufragio universal y de un primer ministro que ha de contar con la confianza del Parlamento ruso, llamado Duma. El presidente de la Federación Rusa tiene la facultad de disolver la Duma si esta aprueba una moción de censura contra el primer ministro, o bien si rechaza al candidato a primer ministro propuesto por el presidente en tres ocasiones.

La primera moción de censura de la historia tuvo lugar en el Reino Unido en 1782, después de la derrota británica en la Guerra de Independencia de los Estados Unidos. El Parlamento votó una moción que aseguraba que ya no podía «confiar en los actuales ministros». El primer ministro Lord North se vio obligado a presentar su renuncia al rey Jorge III.

La cuestión de confianza en Francia

Francia es una república semipresidencialista, lo cual significa que contiene elementos propios de un régimen parlamentario y de uno presidencialista. Existe un presidente de la República que es elegido directamente por los ciudadanos y un primer ministro que debe gozar de la confianza del Parlamento.

La constitución de la V República Francesa prevé una forma especial de cuestión de confianza, a través de la cual el Gobierno puede presentar un proyecto de ley sobre ciertas materias a la Asamblea Nacional y vincularlo a la confianza parlamentaria. Si en las veinticuatro horas siguientes no se presenta una moción de censura, el proyecto de ley se considera aprobado sin necesidad de votarlo. La Constitución francesa pone un límite al número de veces que un primer ministro puede recurrir a este sistema.

38 ¿Qué hace el defensor del pueblo?

Es una institución que vela por el cumplimiento de los derechos fundamentales de los ciudadanos.

La figura del defensor del pueblo tal y como la conocemos, tiene su origen en Suecia en 1809. También recibe la denominación de «ombudsman».

El defensor del pueblo es una institución creada para supervisar el funcionamiento de la Administración pública y garantizar que esta respeta los derechos fundamentales de los ciudadanos. Para realizar su labor de forma adecuada, se considera que el defensor del pueblo tiene que gozar de una independencia amplia.

En la mayor parte de los países, ya sean parlamentarios o presidencialistas, el defensor del pueblo es nombrado por el Parlamento. La persona elegida ostenta su cargo durante toda la legislatura y los motivos para cesarlo están muy tasados. Así se garantiza que pueda trabajar de forma autónoma.

El defensor del pueblo suele contar con una oficina y con un presupuesto que le permiten trabajar. Puede actuar de oficio e investigar situaciones o actos de la Administración en los cuales considere que se han podido violar los derechos de los ciudadanos, o bien recibir denuncias individuales. La Administración está obligada a proporcionarle toda la información que solicite y a colaborar con su trabajo.

Una de las limitaciones del defensor del pueblo es que carece de poderes para imponer o ejecutar decisiones. Su labor se realiza a través de los informes que presenta ante el Parlamento y la opinión pública. En muchos sistemas también está autori-

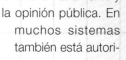

zado para interponer demandas ante los tribunales e incluso recursos de inconstitucionalidad.

LAS DEFENSORÍAS DEL PUEBLO A AMÉRICA LATINA

En su origen, la figura del defensor del pueblo es propia de los sistemas parlamentarios, ya que se concibe como un instrumento más para mantener el equilibrio entre los poderes ejecutivo y legislativo. No obstante, muchos sistemas presidencialistas la han adoptado también. La institución de la defensoría del pueblo existe en prácticamente todos los países de América Latina de una u otra forma.

Por ejemplo, el defensor del pueblo de la Nación Argentina es elegido por el Congreso de la Nación, pero actúa con independencia de todos los poderes del Estado porque tiene la misión de defender los derechos humanos y controlar el ejercicio del poder por parte de la Administración. En Perú el defensor del pueblo es el titular de la Defensoría nacional. En este caso es elegido por el Congreso de la República por un periodo de cinco años y por supuesto, también goza de total independencia para el cumplimiento de sus funciones. Por último, en Costa Rica la institución recibe un nombre algo diferente: el de Defensoría de los Habitantes.

¿Quién es el «síndic de greuges» en Cataluña?

En el sistema español existe un defensor del pueblo que actúa como alto comisionado de las Cortes Generales. Las Comunidades Autónomas, por su parte, tienen figuras equivalentes que desempeñan la misma función en su ámbito territorial. En Cataluña y en la Comunidad Valenciana el defensor del pueblo recibe el nombre de *síndic de greuges* (síndico de agravios). Se trata de una institución que se remonta a los albores de la Edad Moderna. En Aragón se denomina Justicia, en honor a la antigua institución aragonesa que nació en el siglo XII para mediar en las disputas entre el rey y la nobleza de la época. En el País Vasco es el *ararteko*; en Canarias, el diputado del común y en Asturias, el procurador general.

En todos estos casos, los respectivos Estatutos de Autonomía han rescatado nombres de instituciones medievales que de una u otra forma se encargaban de proteger los derechos elementales.

El defensor del pueblo europeo

En la Unión Europea también existe la figura del defensor del pueblo, que vigila el respeto a los derechos fundamentales en el ámbito de las instituciones comunitarias. Carece de poderes ejecutivos, pero sus recomendaciones a las instituciones comunitarias tienen un nivel muy elevado de cumplimiento.

En Estados Unidos no existe la figura del defensor del pueblo. Se considera que sus funciones las llevan a cabo los miembros del Congreso. El defensor del pueblo es nombrado por el Parlamento Europeo después de cada elección. Su misión es recibir denuncias relativas al funcionamiento de las instituciones de la Unión.

39 ¿Quién manda en una república presidencialista?

El presidente ostenta el poder ejecutivo.

En una república presidencialista los tres poderes están claramente delimitados y son independientes entre sí: el ejecutivo, el legislativo y el judicial.

El sistema de la república presidencialista tiene, entre los politólogos, ardientes defensores y convencidos detractores. Las ventajas más claras son la nítida separación de poderes, de forma especial entre el ejecutivo y el legislativo. Los estudiosos ven también como positiva la no necesaria vinculación entre la persona que ostenta el ejecutivo y la mayoría política parlamentaria. Con ello se limitan los defectos de la «partitocracia» y se propicia una mayor relación entre el elector y cada uno de los poderes.

Entre las desventajas que se reseñan con mayor frecuencia se encuentran: la falta de discusión política en las decisiones del ejecutivo, que son tomadas por una única persona sin una discusión previa entre partidos, o sensibilidades dentro de un partido. El bloqueo que se

puede producir bajo una situación de «cohabitación»; es decir, una circunstancia en la cual ocupa el ejecutivo el representante de un partido político de signo contrario a la mayoría existente en el legislativo, o viceversa. Esta situación es frecuente en Estados Unidos y en ocasiones ha provocado importantes niveles de bloqueo que han llevado al cierre parcial del Gobierno y al establecimiento de medidas de emergencia para atender los servicios públicos básicos.

En el sistema presidencialista el ejecutivo ostenta la potestad de la aplicación de las leyes para hacerlas efectivas. Dispone de una gran cantidad de herramientas y sus acciones se mueven en un amplio margen de acción debido a que su poder se extiende a toda la Administración. El ejecutivo es el poder más potente y

LA REPÚBLICA PRESIDENCIALISTA

suele poseer la capacidad de veto, dependiendo del país de manera temporal o total, de las leyes aprobadas por las cámaras. El legislativo elabora y aprueba las leyes que aplicará el ejecutivo. Su mayor poder de control reside en su prerrogativa de aprobar anualmente el presupuesto nacional, que es la base normativa sobre la que el poder ejecutivo ha de gobernar.

El poder judicial goza de una mayor independencia en las repúblicas presidencialistas. El más alto tribunal del país ejerce con frecuencia de sala constitucional y sus miembros son elegidos por amplios periodos, que en algunos países llegan a tener un carácter vitalicio, de modo que se potencia su independencia con respecto a la autoridad que lo nombró. La elección se realiza por el poder ejecutivo, pero el nombramiento ha de ser ratificado por una comisión especial del legislativo. La elección de jueces y magistrados de órganos judiciales de menor rango varía entre los sistemas. En algunos países rige la elección popular, y en otros se replica el sistema de la Corte Suprema, aplicándolo a las autoridades ejecutivas y legislativas de las regiones en las que tiene jurisdicción el tribunal.

EL RIESGO DE UN PRESIDENCIALISMO EXAGERADO

El mayor riesgo es el carácter protagónico que adquiere el poder ejecutivo con respecto al legislativo. La amplia variedad de funciones, recursos y prerrogativas que refuerzan el papel del presidente de la República pueden conllevar una tentación personalista que, en ocasiones, ha llegado a alcanzar tintes autoritarios. En América Latina, durante todo el siglo XX, se presentaron situaciones en las que el presidente, tras llegar al poder por medios democráticos, forzó los límites legales de su poder ejecutivo para suplantar funciones de los poderes legislativo y judicial. En Estados Unidos es frecuente que los jueces suspendan la aplicación de algunas normas del ejecutivo por considerar que se han extralimitado y han invadido potestades del legislativo.

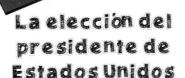

La elección del presidente de Estados Unidos

Se realiza de manera indirecta: el titular del poder ejecutivo es votado por un colegio electoral de 583 personas que han sido elegidas por los ciudadanos. Para ser elegible se debe ser ciudadano estadounidense, nacido en el país, tener al menos 35 años y haber residido en el país como mínimo 14 años. Las elecciones se producen siempre: el segundo martes del mes de noviembre de cada año múltiplo de cuatro. Ese día los electores votan en cada estado para elegir a los grandes electores. Estos 583 electores se reparten entre los estados en función de la población. Cada estado tiene potestad para determinar el sistema de reparto de los grandes electores. Algunos estados otorgan los grandes electores proporcionalmente al número de votos obtenido por cada candidatura. Otros estados aplican la norma *The winner takes it all* y adjudican la totalidad de los grandes electores del estado a la candidatura que tenga más votos. A mediados de diciembre los grandes electores se reúnen y eligen al presidente y al vicepresidente de Estados Unidos. Es elegido aquel candidato que obtenga al menos 270 votos de los delegados. En dos ocasiones, en 2000 y 2016 el candidato que obtuvo un mayor número de votos de los grandes electores no logró sin embargo el mayor número de los votos de los ciudadanos a nivel nacional.

40 ¿Abundan las repúblicas presidencialistas en América Latina?

Sí, la tienen todos los países del continente, menos Canadá, Guyana, Belice y las Antillas.

El presidencialismo se ha extendido por toda América Latina debido a dos motivos principales: el pensamiento político del libertador Simón Bolívar y la influencia de los Estados Unidos de América.

El presidencialismo es la opción favorita de los sistemas políticos de América. La fuerte identificación con un líder propia del continente se ve reflejada en esta modalidad política en la que se prima la efectividad del poder ejecutivo. En los sistemas presidencialistas americanos la jefatura del Estado y del Gobierno recaen sobre la misma persona. El presidencialismo democrático ha venido a sustituir de manera efectiva la necesidad de un potente liderazgo que ha caracterizado los sistemas políticos de América Latina desde sus independencias en el siglo XIX. A diferencia de Estados Unidos, el resto de repúblicas presidencialistas del continente tienen un sistema de elección directa del jefe del Estado, lo que refuerza la conexión del presidente con el pueblo. El sistema electoral varía entre la elección única, como en México o Venezuela, o a doble vuelta, como en Colombia o Chile. En los sistemas de doble vuelta se programa una jornada electoral a la que acuden todos los candidatos que han cumplido los requisitos específicos de la legislación de cada país. Una vez que se abren las urnas solo es proclamado presidente aquel candidato que haya obtenido el 50 % de los votos en esta primera votación. Si ninguno de los candidatos alcanza dicha cifra se programa una nueva votación, normalmente dentro de un lapso de tiempo de entre dos semanas y dos meses, a la que concurrirán los dos candidatos que hayan obtenido un mayor número de votos en la primera elección.

Este sistema busca reforzar el apoyo popular a la elección presidencial. También consigue que, en

ausencia de una amplia mayoría social que otorgue su confianza a un candidato en primera vuelta, se formen alianzas entre partidos y propuestas para tratar de alcanzar el triunfo en la segunda vuelta. Este sistema potencia los gobiernos moderados y centristas que se han de conformar por medio de alianzas preelectorales para encumbrar a un determinado candidato.

Entre las bondades que los politólogos destacan de los sistemas presidencialistas está el mayor protagonismo del pueblo a la hora de poder elegir por separado tanto al ejecutivo como al legislativo. Esta mayor concurrencia a las urnas otorga una doble legitimidad al sistema político del Estado.

EL PAPEL COLEGISLADOR DEL PRESIDENTE EN CHILE

La configuración constitucional de Chile es la de una República presidencialista. La principal especificidad de su sistema político reside en que el presidente, además de las funciones ejecutivas habituales, tiene también un papel dentro del desarrollo legislativo. La Constitución de 2005 otorga al presidente la iniciativa legislativa exclusiva en materia tributaria, en la creación de empresas y servicios públicos, en la fijación de remuneraciones y emolumentos, así como en materia de negociación colectiva y seguridad social.

El Presidente de la Nación Argentina es elegido junto al vicepresidente mediante un sistema de votación a doble vuelta.

El sistema presidencial en México

México es un estado federal bajo la forma de una República presidencialista. Su nombre oficial es el de Estados Unidos Mexicanos y se compone de 31 entes federados y la Ciudad de México. El poder ejecutivo ha tenido históricamente una preeminencia sobre el resto de los poderes. Al presidente le corresponde nombrar a los miembros de su ejecutivo, es el comandante supremo del Ejército y promulga las leyes aprobadas por el poder legislativo.

México es uno de los pocos países en los que un único partido político, el PRI, ha ostentado la hegemonía electoral durante casi un siglo: desde 1929 hasta 2000 y de nuevo desde el 2012. La potencia de los poderes presidenciales se ve limitada por una severa ley que impide la reelección presidencial y que limita el mandato en la más alta magistratura del Estado a un solo periodo de seis años. En la actualidad la elección presidencial se realiza a una sola vuelta, resultando elegido el candidato que obtenga mayor número de votos.

¿El Premier peruano es un primer ministro?

En Perú el presidente del Consejo de Ministros recibe el nombre de Premier. Pero a diferencia de los sistemas parlamentarios, tanto monárquicos como republicanos, no es el jefe del Ejecutivo. Esta potestad recae íntegramente en el presidente de la República. El premier es elegido de manera directa por el presidente, pero su nombramiento ha de ser ratificado por el Congreso. Tiene encomendado coordinar las políticas y la línea de trabajo de todos los ministerios. Preside las reuniones del Gabinete en ausencia del presidente. Tiene el papel protocolario de refrendar con su firma los decretos y resoluciones que emite el presidente de la República. Sus funciones son asimilables a las del ministro de la Presidencia en algunos gabinetes europeos.

41 ¿Qué es un «impeachment»?

Se trata de un juicio político a un cargo ejecutivo que se encuentra recogido en las constituciones de más de 25 países.

Es el único método por el que el Parlamento puede cesar al presidente en un sistema presidencialista.

El proceso de destitución, conocido por su nombre inglés *impeachment*, es una figura típica de los sistemas políticos anglosajones que se ha extendido a la normativa constitucional de países como Austria, Brasil o Zimbabue. Este proceso tiene de manera genérica dos fases: la primera es la de la aceptación, o no, del inicio del procedimiento; la segunda es el juicio político, que se celebra en la cámara legislativa y que puede terminar en la destitución de la autoridad ejecutiva enjuiciada.

Los países que contemplan el *impeachment* en su ordenamiento jurídico no solo lo permiten para el jefe del Estado o del Gobierno, sino que también suele poder aplicarse a los más altos miembros del poder ejecutivo.

En Estados Unidos ya el primer artículo de la Constitución declara el derecho de la Cámara de Representantes a enjuiciar políticamente a los representantes del poder ejecutivo, sin que necesariamente tenga consecuencias en materia civil o penal.

El proceso de destitución se inicia en Estados Unidos con la presentación de al menos un miembro de la Cámara de Representantes del pliego de cargos contra el presidente. El resto de miembros deberá votar en sesión solemne y si la mayoría de ellos vota favorablemente se adopta el acuerdo formal de la apertura del juicio político. Tras esa decisión corresponde al Senado realizar las audiencias que considere, así como las averiguaciones pertinentes, entre las que se incluye el testimonio del presidente, para dirimir la responsabilidad de este con respecto a los cargos de los que se le acusa. Llegado el momento de la votación en el Senado se necesita una mayoría cualificada de dos tercios para que se apruebe el *impeachment* y el

presidente sea destituido. El funcionario condenado queda también inhabilitado para el ejercicio de cargos públicos.

En Estados Unidos se han realizado 14 procesos de *impeachment* a nivel federal contra altos cargos de la Administración. De todos ellos, tres lo han sido contra un presidente en ejercicio. Andrew Johnson, en 1886, y Bill Clinton, en 1998-1999, fueron llevados ante el Senado, que en ambos casos votó contra la destitución presidencial, pudiendo ambos terminar su mandato. En 1974 también se inició en procedimiento de *impeachment* contra el presidente Richard Nixon, pero el proceso no llegó a su fin debido a la dimisión del presidente.

Aunque Austria es una República parlamentaria y su presidente tiene funciones principalmente ceremoniales, la Constitución prevé un sistema semejante al «impeachment» para destituirlo.

¿Por qué no hay «impeachment» en un sistema parlamentario?

Los sistemas parlamentarios basan la constitución y el mantenimiento del poder ejecutivo en el apoyo recibido del legislativo. Los gobiernos como el español son investidos, no de manera directa por elección popular, sino de manera indirecta por medio del voto de los parlamentarios. En España el proceso de destitución del presidente del Gobierno recibe el nombre de moción de censura. Esta figura legal permite a la cámara el máximo control del ejecutivo y puede llevar a retirarle por completo su confianza y a investir a un nuevo presidente. La iniciativa la pueden tomar un 10 % de los diputados. En el pliego de presentación ante el registro debe indicarse también el nombre del candidato que se propone. Este tipo de moción de censura se denomina constructiva, pues no solo destituye a un presidente, sino que inviste a uno nuevo. De esta forma se refuerza la estabilidad del sistema y se evita el vacío de poder. La cámara está obligada a debatir la moción de censura en la que el candidato a presidente debe defender su programa de gobierno. Llegado el momento de la votación, si obtiene el respaldo de la mayoría absoluta (176 diputados en España) queda automáticamente elegido presidente del Gobierno y el anterior titular es destituido. En España se han producido cinco mociones de censura desde 1978; solo ha prosperado una de ellas, en 2018.

El origen del «impeachment» tuvo lugar en el Reino Unido

Corría el año 1681 cuando la Cámara de los Comunes afirmó que tenían poder para destituir a cualquier miembro del gabinete o de ambas cámaras sin que los Lores pudieran oponerse. Durante siglos se utilizó en contadas ocasiones, en especial a la hora de destituir a jueces ligados a la Cámara de los Lores cuyo comportamiento avergonzaba al resto de los miembros. Tras el reinado de Eduardo IV el *impeachment* cayó en desuso por la aprobación de otras leyes que aclaraban los motivos por los que determinadas personas podían ser destituidas de su cargo. En la historia del parlamentarismo inglés destacan los *impeachment* contra Warren Hasting, gobernador general de la India, cuyo juicio se celebró en 1788, siendo declarado culpable en 1795. O el de la reina Carolina, consorte del rey Jorge IV, cuyo *impeachment* comenzó a discutirse pero fue dejado en suspenso porque en su lugar se le aplicó la nueva Ley de Dolores y Penas de 1820.

42 ¿Qué es una república presidencialista?

La separación entre legislativo y ejecutivo es más radical que en otros sistemas.

Todo sistema democrático confiere el poder legislativo a una institución, unicameral o bicameral, que redacta y aprueba las leyes.

Los Estados Unidos son el ejemplo más claro de república presidencialista. Desde su fundación a finales del siglo XVIII el poder legislativo fue encomendado al Congreso de la unión. A él se le reconoce la capacidad para regular el comercio interestatal y con el extranjero, redactar las leyes, crear cortes federales de justicia, declarar la guerra o ser responsable del mantenimiento del ejército del país.

Siguiendo la tradición bicameral británica, el Congreso está compuesto por la Cámara de Representantes y por el Senado. Componen la Cámara de Representantes 435 miembros. Cada uno representa a un distrito uninominal en los que se ha dividido todo el territorio estadounidense; en cada uno de estos distritos se elige solo un congresista. El número de representantes es fijo, pero en su origen se estimó que debía haber uno por cada 30 000 habitantes. Son elegidos por un mandato de solo dos años y no hay límite a la hora de optar a la reelección.

La segunda cámara es el Senado. A diferencia de la mayor parte de los sistemas bicamerales, el Senado de Estados Unidos no es una cámara de segunda lectura. Tiene poderes propios, entre los que destacan la ratificación de los tratados internacionales o la aprobación de los nombramientos que el presidente realiza para cubrir los puestos del poder ejecutivo –miembros de su gabinete, embajadores– y el judicial, como los jueces del Tribunal Supremo. En origen, se constituyó con una clara intención territorial, a fin de integrar en pie de igualdad a todos los estados de la Unión. Está compuesto por 100 miembros, dos por cada estado, con independencia de su tamaño o población. Su mandato es de seis años. El Senado se renueva por tercios cada dos años. Con este sistema se pretende favorecer la independencia de las cámaras y de los poderes legislativo y ejecutivo entre sí, fomentando una visión menos partidista de sus funciones por el bien de los administrados. El Distrito de Columbia, donde se encuentra la capital estadounidense, y territo-

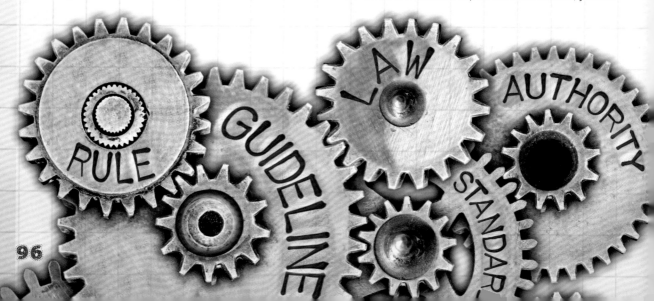

rios como las Islas Vírgenes estadounidenses o Puerto Rico, no poseen representación de ningún senador. Hoy en día poseen un representante cada uno de ellos que se denomina delegado y con voz y voto en los comités pero sin voto en el plenario de las cámaras.

EL VETO PRESIDENCIAL A LAS LEYES

En los sistemas presidencialistas el orden constitucional suele otorgar al presidente de la República el poder de veto, en términos más o menos duros, de alguna pieza legislativa aprobada por la cámara. Es una herramienta que busca reforzar el poder del ejecutivo e impedir que desde el legislativo se sabotee la acción ordinaria del Gobierno imponiendo unas determinadas leyes. El veto se define por oposición, pues paraliza o retrasa la entrada en vigor de una ley, pero no permite al presidente proponer un cambio.

En los Estados Unidos de América el presidente decide ante cada ley que le llega del Congreso si la sanciona con su firma para que entre en vigor o, por el contrario, ejerce su derecho de veto y la devuelve al Congreso. Si opta por el veto, el Congreso tiene las opciones de rehacer la ley, iniciando de nuevo el procedimiento legislativo, o levantar el veto impuesto por el presidente, para lo cual se necesita el voto afirmativo de dos tercios de ambas cámaras. En México, desde la Constitución de 1917, el presidente goza del poder de veto pero este se enmarca dentro del proceso legislativo ordinario. El presidente puede devolver un proyecto de ley a la cámara para que vuelva a redactarlo, pero su capacidad de vetar el texto legal finaliza con la aprobación de la misma.

El veto en Estados Unidos se inicia tras la aprobación de la ley en el Congreso, pero en México ha de imponerse durante el proceso de creación de la pieza legislativa.

El Senado en México

La cámara alta de este país, excepto un breve lapso de tiempo en el siglo XIX, siempre ha sido colegislador junto a la Cámara de Diputados. En la actualidad está compuesto por 128 senadores. Cada estado y la Ciudad de México cuentan con tres senadores cada uno. Estos se eligen por medio de listas abiertas en las que cada partido solo puede presentar a dos candidatos, por lo que se garantiza que el tercer senador de cada estado sea de la primera minoría. El resto de 32 senadores se eligen por un sistema proporcional directo, de lista cerrada, en base a los votos obtenidos por todos los partidos a nivel nacional. Entre sus atribuciones se encuentran la ratificación de los nombramientos de embajadores y cónsules de México y de la mayor parte de los altos cargos de las instituciones del Estado, así como la autorización al presidente para que disponga, ante una crisis, de la Guardia Nacional de cada estado de la Unión.

El Congreso unicameral en Perú

Desde 1995 el órgano legislativo peruano está compuesto por 130 miembros elegidos por un sistema electoral proporcional y de lista preferencial. Su mandato es de cinco años y coincide con el mandato del presidente de la República, celebrándose ambas elecciones al mismo tiempo. Entre sus atribuciones destaca la de autorizar, o no, la salida del presidente para acudir a compromisos internacionales en nombre del país.

43 ¿Cuántas veces puede ser reelegido un presidente?

La mayoría de los sistemas presidenciales contemplan la limitación de mandatos.

Existen dos tipos de limitación de mandato: consecutivos o de por vida.

La limitación de mandatos se ha ido imponiendo como una más de las herramientas de los sistemas constitucionales para fomentar la rotación en el ejercicio de la más alta magistratura del Estado. Es propia de los sistemas presidencialistas debido al gran poder que acumula en ellos el jefe del ejecutivo. Sin embargo, hay muchos sistemas semipresidencialistas que también la aplican. Más del 80 % de los Estados tienen algún tipo de regulación al respecto.

En Europa las monarquías parlamentarias como España, Reino Unido, Dinamarca, Suecia, Países Bajos, Bélgica o Luxemburgo no tienen ningún tipo de limitación de mandatos para el jefe del ejecutivo. Se entiende que el contrapeso a su poder procede de la celebración de elecciones legislativas y de la renovación de las cámaras que, a su vez, deben renovarle su apoyo. En las repúblicas europeas la limitación de mandatos se impone como una norma casi general para el presidente y, en contadas ocasiones, para el primer ministro. El límite oscila entre un único mandato de siete años en Armenia hasta los dos mandatos de siete años consecutivos de Irlanda, pasando por los dos mandatos de cinco años en Chipre, Estonia, Alemania o Francia.

En el continente americano todos los países, a excepción de Nicaragua y Venezuela, tienen limitación de mandatos para la jefatura del Estado. En Estados Unidos se establece un límite de dos mandatos de cuatro años. El resto de países americanos se reparten entre las dos fórmulas más aceptadas: la limitación a dos mandatos por una extensión cada uno entre cuatro años –como en Ecuador, República Dominicana u Honduras–, o cinco años –son los casos, por ejemplo, de Panamá, Trinidad y Tobago, Guyana– por una parte, o bien se permite la reelección siempre y cuando no ocurra de manera consecutiva; así, se ha de esperar al menos un mandato para volver a optar a la presidencia. Chile, Costa Rica o Perú han adoptado este sistema. Algunos países como México, Honduras, El Salvador o Guatemala prohíben la reelección y permiten solo un único mandato.

¿QUÉ OCURRE EN LOS SISTEMAS PARLAMENTARIOS?

Los sistemas parlamentarios pueden ser monarquías o repúblicas. En las primeras el jefe de Estado es el monarca y su sucesión se rige por las normas dinásticas y constitucionales. En estas monarquías el límite a los mandatos del primer ministro no es una norma habitual. Si bien ahora existen propuestas registradas en diversos parlamentos para establecer un límite de dos mandatos, y han sido aprobadas leyes al respecto en algunas Comunidades Autónomas españolas.

En las repúblicas parlamentarias, como Alemania, Irlanda o Italia, hay una gran variación en la regulación de la limitación de mandatos del presidente. En Italia se permiten reelecciones indefinidas por periodos de siete años. En Irlanda solo se permite una reelección, siendo el tiempo total máximo para ocupar el cargo de 14 años. Alemania se sitúa como una de las repúblicas parlamentarias que más limita la reelección, ya que solo permite un total de dos mandatos de cinco años cada uno.

La limitación de mandatos tiene su origen en la antigua Atenas, donde los magistrados elegidos por sorteo solo podían ejercer su cargo durante un año.

El sistema francés

El sistema republicano presidencialista francés ha variado a lo largo de la historia a la hora de limitar los mandatos en la más alta magistratura del Estado.

En la V República de finales del siglo xx los mandatos presidenciales eran de siete años y los presidentes podían ser reelegidos. Los mandatos del poder legislativo eran de cinco años, por lo que, en ocasiones, coincidían en el ejercicio del poder un presidente de la República de un signo político y un poder legislativo del signo contrario, dando lugar a los periodos que se denominaron «de cohabitación», y en los que la actividad legislativa y ejecutiva podía llegar a paralizarse por la lucha entre los representantes de ambos poderes. Para solventarlo, se redujo el mandato presidencial a cinco años, igualándolo con el del legislativo, y se impuso un límite de una reelección consecutiva.

La vigesimosegunda enmienda a la Constitución

Los Padres Fundadores de los Estados Unidos de América no determinaron en la Constitución ningún límite para la reelección de los presidentes de la nueva República. Franklin D. Roosevelt ha sido el presidente estadounidense que más tiempo ha permanecido en el cargo, un total de 12 años, durante cuatro mandatos consecutivos. Esta situación condujo a que el legislativo tomara la iniciativa y en 1947 iniciara el proceso para la aprobación de una enmienda constitucional que impusiera el límite de dos mandatos consecutivos en el ejercicio de la presidencia y la vicepresidencia de Estados Unidos. Si la persona hubiera sido llamada a la sucesión y su primer mandato por este hecho fuera superior a dos años, solo podría optar a un nuevo mandato. Si, por el contrario, el tiempo como presidente al ser llamado a la sucesión hubiera sido menor a dos años le permitiría presentarse a dos mandatos completos consecutivos. La vigesimosegunda enmienda entró en vigor en 1951 y dejó una laguna en cuya interpretación, todavía hoy, los constitucionalistas estadounidenses siguen sin ponerse de acuerdo a la hora de discernir si un presidente, tras dos mandatos y haber esperado sin presentarse un tercero, podría optar de nuevo a la presidencia. Afortunadamente, no se ha dado el caso desde su entrada en vigor.

44 ¿Es tan negativo el bipartidismo?

Tiene ventajas y desventajas. Los electores deben optar entre previsibilidad y falta de opciones.

Hay sistemas electorales que favorecen el multipartidismo y otros que favorecen el bipartidismo.

El bipartidismo surge tras la proliferación de los parlamentos en los Estados después de las revoluciones americana y francesa de finales del siglo XVIII. Las primeras cámaras legislativas fueron elegidas por sufragio censitario y en ellas quedaron representadas las dos tendencias ideológicas propias de la burguesía y la élite de la época: el grupo conservador o tradicionalista y los liberales o progresistas. Ambos reflejaban las dos visiones contrapuestas de la misma élite gobernante. Durante más de 100 años, y hasta el inicio del siglo XX, estas dos corrientes políticas fueron alternándose en el poder en la mayor parte de los parlamentos occidentales. Si bien diferían en muchos aspectos, ambas concebían la política y la forma de gobierno de la democracia liberal como la base correcta y justa para sus actuaciones. Este tipo de alternancia política se dio en España durante el reinado de Alfonso XII, la larga regencia de la reina María Cristina y el inicio del reinado de Alfonso XIII. Fue la llamada época del «turnismo» entre los líderes de las facciones moderada y liberal, establecidas por Cánovas y Sagasta.

Con la llegada del siglo XX el proletariado, la nueva clase social, no se consideró representada en las dos opciones políticas clásicas de la burguesía. Los partidos socialistas fueron ganando adeptos y poco a poco irrumpieron con fuerza en los parlamentos occidentales. El bipartidismo del siglo XX se forjó bajo un nuevo paradigma y se articuló entre dos ideologías más claramente diferenciadas: la izquierda, que abogaba por los derechos sociales y los de los trabajadores, y la derecha, que se refundó de manera más o menos natural a través de la fusión de las tendencias liberales y conservadoras. Con la llegada del siglo XXI las ideologías se difuminan y surgen opciones políticas que se caracterizan por la transversalidad, alejándose del eje tradicional izquierda-derecha. Este nuevo paradigma político supone un

reto para el bipartidismo que ha predominado en las democracias occidentales. En los últimos años se oyen voces que piden una redefinición de la normativa electoral que permita reflejar de manera más fiel la dispersión política, pero sin afectar a la gobernabilidad y la estabilidad.

LA LEY DUVERGER

El bipartidismo no surgió de manera premeditada, sino que es el fruto del triunfo de una serie de factores. El principal de ellos es el sistema electoral mayoritario. El sociólogo francés Maurice Duverger así lo observó en el último tercio del siglo XX tras analizar numerosos sistemas electorales y el resultado de sucesivas elecciones.

Cuando las circunscripciones electorales son muy numerosas y en ellas se elige tan solo un representante se conforma un parlamento en el que las minorías no pueden acceder porque les es muy difícil ganar en alguna de ellas. En otros sistemas de circunscripciones más amplias y con mayor número de representantes también se da este efecto. Existe un umbral de voto mínimo a nivel nacional para acceder al reparto de actas, habitualmente entre el 3 % y el 5 %.

En el Senado de la Roma antigua se encuentra un antecedente del actual bipartidismo, ya que esta cámara se dividía en dos facciones: los populares y los optimates.

El bipartidismo en América Latina

Circunstancias como el sistema binominal, que estuvo vigente en Chile hasta 2017 y por el cual se elegían dos candidatos por circunscripción, hacían que estos se repartieran, de manera habitual, entre los dos principales partidos o coaliciones del país, dejando a las minorías sin representación. En Belice, dos partidos se han turnado en el gobierno desde su independencia.

En Venezuela durante décadas se alternaron en el poder los partidos COPEI y Acción Democrática. En la mayoría de los países latinoamericanos el siglo XXI ha traído una mayor pluralidad en lo que se refiere a los partidos políticos. Sus sistemas electorales, que contemplan comicios presidenciales a dos rondas, favorecen la creación de alianzas políticas que aglutinan a varios partidos para, en último extremo, configurar dos grandes grupos que se enfrenten en la última ronda de la contienda electoral.

España y el bipartidismo

El sistema electoral español es proporcional, corregido con la Ley D'Hont y con umbrales mínimos para acceder a los órganos legislativos (un 5 % en las elecciones municipales, un 3 % en cada circunscripción para el Congreso de los diputados, etcétera). Estas características, junto al hecho de que más del 70 % de las circunscripciones repartan solo entre tres y siete diputados, hacen que los dos partidos principales obtengan el mayor número de representantes en el cómputo total. Durante más de 30 años, dos partidos se han alternado en el poder en España. Desde 2015, la mayor fragmentación electoral –el primer partido político apenas ha llegado al 30 % de los votos, y el segundo, tercero y cuarto se encontraban en una ajustada horquilla– han posibilitado que se haya multiplicado el número de grupos políticos con representación en el Congreso de los Diputados.

45 ¿En qué consiste el semipresidencialismo?

Es un sistema híbrido entre el parlamentarismo y la república presidencialista.

El sistema semipresidencialista por excelencia es el de la República francesa, aunque existen otros ejemplos como Portugal o la Federación Rusa.

Más de una treintena de países tienen hoy en día un sistema político semipresidencialista. Francia, Portugal, Rusia o Túnez han optado por esta configuración constitucional en la que el jefe del Estado es también jefe del poder ejecutivo, compartiéndolo con un primer ministro de manera dual.

En las repúblicas semipresidencialistas el presidente tiene las mismas funciones que un jefe de Estado de los sistemas parlamentarios, básicamente las protocolarias, simbólicas y de más alta representación del Estado. Pero también se le reconoce como jefe del poder ejecutivo, que ha de ejercer atendiendo al reparto constitucional de funciones con el primer ministro. La elección del presidente de la República se realiza por sufragio universal directo. El primer ministro es seleccionado por el presidente de la República y el legislativo le ha de otorgar su confianza. De esta manera el legislativo controla el poder ejecutivo pero sin interferir en las prerrogativas propias de la jefatura del Estado. El primer ministro y su Gobierno son responsables ante el legislativo, que puede retirarles su confianza o forzar una censura.

Existen dos formas de implementación de este sistema. La llamada «premier-presidencial», en la que el presidente elige al primer ministro y al gabinete, pero estos son solo responsables ante el legislativo y una vez elegidos el presidente no puede destituirlos. Únicamente se puede acabar con el Gobierno por la vía de la moción de censura desde el Parlamento o por la disolución de las cámaras por el presidente de la República. Por otro lado, el sistema «presidente-parlamento» hace doblemente responsables al primer ministro y su Gabinete. En esta variación tanto el presidente de la República como el Parlamento pueden destituir al primer ministro o a los miembros del Gabinete.

DEFINIENDO *COHABITATION*

Así se denomina al tiempo político durante el cual el presidente de la República y el primer ministro pertenecen a partidos de signo contrario. El término se acuñó en Francia para designar los periodos en los que debido a la diferente duración de los mandatos del presidente, siete años, y del legislativo, cinco años, se producía un cambio político que alteraba la mayoría en uno de los poderes, el ejecutivo o el legislativo, y ambos quedaban bajo un signo político contrario. Por extensión, el término se aplica a otras latitudes y a otros supuestos. Así, en Argentina, cuando el presidente de la República y el gobernador de Buenos Aires (donde vive más de un tercio de la población del país) pertenecen a diferentes ideologías, se habla de cohabitación. El término también se utiliza cuando el presidente de México y el jefe del Gobierno del Distrito Federal proceden de diferentes formaciones políticas.

El primer sistema semipresidencialista de la historia fue la República de Weimar, que se instauró en Alemania en 1919 tras el fin de la Primera Guerra Mundial.

El caso portugués

En Portugal el semipresidencialismo se acerca al parlamentarismo. El primer ministro es el jefe del Gobierno y el encargado de la dirección diaria del poder ejecutivo. Tras las elecciones legislativas, y escuchados los líderes de los partidos con representación parlamentaria, el presidente de la República propone a la Asamblea Nacional un candidato. Si este obtiene la confianza de la Cámara queda elegido como primer ministro por un periodo de cuatro años, o el equivalente hasta el final de la legislatura de la Asamblea Nacional.

El primer ministro puede escoger libremente a su Gobierno, que es responsable ante la Asamblea Nacional, la cual puede destituirlo por la vía de la moción de censura o por no superar una moción de confianza. Por lo tanto la estabilidad del Ejecutivo descansa en la configuración de una mayoría de apoyo a su labor en la Cámara, lo que le asemeja a los sistemas parlamentarios puros.

El presidente de la República puede destituir al primer ministro, tras consultar al Consejo de Estado y como medida excepcional para garantizar el funcionamiento regular de las instituciones democráticas.

¿Ministro y parlamentario a la vez?

En los sistemas parlamentarios esta circunstancia está plenamente aceptada. En algunos sistemas semipresidencialistas, con una visión más radical de la separación de poderes, se ha impuesto la separación total entre ambas ramas. Desde que en 1958 en el proyecto constitucional francés se optara por impedir que los ministros del gabinete ostentaran a la vez la condición de parlamentarios, países como Ucrania, Taiwán y la propia Francia hasta 2008 han obligado a renunciar a su escaño a los parlamentarios que eran elegidos ministros.

En Francia la doctrina se ha suavizado desde 2008, creándose la figura del «sustituto temporal de parlamentarios que asumen funciones gubernamentales», en virtud de la cual un suplente ocupa el escaño del ministro desde que es nombrado hasta que cesa en sus funciones ejecutivas. El ministro, en caso de concluir su mandato, puede volver a ocupar su escaño hasta agotar la legislatura.

46 ¿Qué es una dictadura?

Un sistema en el que una persona o grupo de personas se perpetúan en el poder sin consentimiento de los gobernados.

A lo largo de la historia ningún país ha reconocido ser una dictadura. Es preciso estudiar las características de un régimen concreto para saber si entra o no en esta categoría.

Los regímenes autoritarios comparten una serie de características que los convierten en dictaduras. Dependiendo de si todas estas características están presentes o si solo concurren algunas de ellas tendremos un grado de autoritarismo más o menos elevado.

El primer aspecto que define a una dictadura es la ausencia de separación de poderes. Es habitual que el Estado adopte una forma pseudodemocrática, en la cual los poderes ejecutivo, legislativo y judicial estén formalmente separados, aunque se trata de una separación más ficticia que real, ya que todas las decisiones, en todos los ámbitos de poder, emanan de la misma fuente. Es preciso señalar que la existencia de elecciones no garantiza que un país sea una democracia. Existen muchas formas de manipular los resultados electorales o de coaccionar a los electores para que alteren el sentido de su voto, de forma que el Parlamento no sea una verdadera representación del pueblo, sino una emanación del grupo que detenta el poder. En un régimen autoritario suele ocurrir que la voluntad del líder predomina sobre el Estado de derecho. Existen normas jurídicas, pero estas se aplican de forma desigual y pueden alterarse siempre que se considere necesario para satisfacer las necesidades de la élite gobernante.

El último rasgo definitorio es que en una dictadura no se respetan los derechos fundamentales. Las violaciones de los derechos humanos pueden ser más o menos graves dependiendo del régimen concreto, pero siempre existen limitaciones a la libertad de expresión, de asociación, de manifestación y de reunión.

LAS DICTADURAS MILITARES

Uno de los tipos más frecuentes de regímenes autoritarios han sido las dictaduras militares. En este sistema es un grupo de oficiales

de alta graduación el que, apoyándose en las fuerzas armadas, ocupa el poder y controla todos los mecanismos del Estado. El Gobierno de una dictadura militar suele denominarse «Junta». Suele constituirse como respuesta a una crisis o ante una situación de emergencia que, en opinión de sus líderes, no ha sido bien gestionada por el Gobierno civil. Las dictaduras militares alcanzan el poder como resultado de un golpe de Estado, en el cual las fuerzas armadas recurren a la amenaza o al uso efectivo de la fuerza para imponer su voluntad al resto de población. Algunas dictaduras militares de la historia han coexistido con la institución monárquica. En España, entre 1923 y 1930, se produjo la dictadura militar de Miguel Primo de Rivera, durante la cual el rey Alfonso XIII continuó siendo el jefe del Estado, pero solo a título simbólico.

La palabra dictadura procede de la antigua República romana. En casos de extrema necesidad el Senado podía nombrar un dictador, que acumulaba todos los poderes durante un periodo de seis meses.

Los regímenes de partido único

Algunos sistemas autoritarios se basan en la existencia de un partido político que domina, en mayor o menor medida, todos los ámbitos del Estado. Los miembros de este partido político tienen el monopolio de acceso a los cargos públicos. Es posible que existan otros partidos políticos y que incluso se presenten a las elecciones. En muchas dictaduras hasta se reserva a los opositores un pequeño porcentaje de escaños en el Parlamento. No obstante el partido único manipula los resortes del poder para mantener un control férreo sobre ellos.

El partido único suele hacer una gran exhibición de símbolos de toda clase y condición, y hace lo posible por mostrarse como un partido de masas, aunque en realidad una pequeña élite es la que acapara toda la autoridad. Esta pequeña élite puede congregarse en un politburó, comité central del partido u órgano de dirección con alguna denominación semejante.

El culto a la personalidad

En las dictaduras, sobre todo las de naturaleza totalitaria, el culto a la personalidad del líder es uno de los rasgos distintivos. Su biografía suele exagerarse o adornarse con detalles inventados para crear una narrativa épica que ensalce su camino hacia el poder.

Los grandes dictadores del siglo xx –Hitler, Mussolini, Stalin– han sido objeto de un intenso culto a su personalidad. Para ello se utilizaron los recursos que ponían a su alcance los medios de comunicación de masas.

En la actualidad los regímenes autoritarios suelen utilizar la imagen de su líder de forma muy frecuente, inundando las calles y los medios de comunicación de fotografías y vídeos que lo ensalzan.

47 ¿Qué diferencia hay entre autoritarismo y totalitarismo?

El control férreo o total de la población.

El objetivo útimo del totalitarismo es la dominación absoluta de las instituciones del Estado y de la sociedad civil. Una vez en el poder, se desarrolla un «hipernacionalismo» en pos de un dominio global.

Al hablar de dictaduras es preciso establecer la diferencia que existe entre un régimen autoritario y uno totalitario. A grandes rasgos, el primero se caracteriza por el ejercicio del poder público sin recabar el consenso de los gobernados y de una forma marcadamente jerárquica; el segundo se sostiene sobre un movimiento de masas que pretende controlar todos los aspectos de la sociedad. El totalitarismo es una forma extrema de autoritarismo.

monarcas europeos de poner coto al feudalismo y centralizar en la Corona los poderes que habían ido asumiendo los nobles. Se ha considerado a menudo que las monarquías autoritarias constituyeron un paso adelante, ya que sentaron los cimientos de los Estados modernos. Ya en la Edad Contemporánea, los regímenes autoritarios dejaron de ser predominantemente monarquías para dar paso a dictaduras apoyadas en el aparato militar, en partidos políticos o en una confluencia de ambos.

Los regímenes autoritarios aparecieron en los inicios de la Edad Moderna como un intento por parte de los

El totalitarismo va un paso más allá al pretender un control absoluto de la sociedad. Además de la apropiación de los resortes del poder y

del ejercicio no democrático del mismo, el objetivo es crear una sociedad de pensamiento único. Para implantarlo se recurre con frecuencia al terror como instrumento de dominación. En las dictaduras totalitarias la ideología tiene una importancia extrema, ya que es un componente fundamental en el «relato» de dominación.

Los dirigentes de los regímenes totalitarios no dudan en utilizar todos los instrumentos a su alcance para imponer su modelo de sociedad, entre ellos el genocidio, las violaciones sistemáticas de los derechos humanos, las torturas o las migraciones forzosas.

El autoritarismo se impuso en las monarquías europeas de la Edad Moderna como forma de luchar contra el poder de los nobles en sus feudos.

La monarquía autoritaria de los Reyes Católicos

La monarquía de los Reyes Católicos en España se considera uno de los primeros ejemplos de autoritarismo en la Edad Moderna. Fernando II de Aragón e Isabel I de Castilla implantaron un sistema de gobierno centralizado que buscaba restar poderes a los nobles para concentrarlos en la Corona. Como instrumentos de poder, los Reyes Católicos atrajeron a los nobles a la Corte para mantenerlos cerca, recurrieron a servicios secretos, emplearon la Inquisición como herramienta política e implantaron el Catolicismo como religión única del Estado, impulsando medidas como la expulsión de los judíos.

El caudillismo en América Latina

El libertador Simón Bolívar ya expresó en sus obras políticas la idea de que América Latina tenía una cierta propensión al caudillismo, en gran medida heredada de España. A lo largo de los más de dos siglos que han pasado desde la independencia de las repúblicas iberoamericanas, la mayoría de los países han atravesado periodos históricos más o menos autoritarios que se han caracterizado por la asunción del poder por parte de un líder carismático o caudillo. Algunos ejemplos de dictaduras latinoamericanas han sido la de Pérez Jiménez en Venezuela, Pinochet en Chile, Videla en Argentina o Somoza en Nicaragua. Muchos de ellos han compartido el elemento militar como rasgo definitorio.

El militarismo japonés

Fue un régimen político de carácter autoritario que se impuso en Japón durante los años 30 del siglo xx. Condujo al país a la guerra con China y, en diciembre de 1941, con Estados Unidos, lo que supuso la participación en la Segunda Guerra Mundial en el bando de la Alemania nazi y la Italia fascista. La ideología del régimen se basaba en la exaltación de todo lo militar. Se consideraba que el código de honor de los militares debía regir todos los aspectos de la sociedad. También poseía un marcado ultranacionalismo y un deseo manifiesto de ensanchar las fronteras para conseguir mayor espacio vital.

48 ¿El fascismo y el nazismo eran regímenes dictatoriales?

Sí, aunque en ambos casos llegaron democráticamente al poder.

Los fascistas creen que la democracia está obsoleta y que es necesario un Estado de partido único con los objetivos de preparar a la nación para un conflicto armado que responda a las dificultades económicas.

El fascismo es una ideología totalitaria que surgió en Europa entre las dos guerras mundiales del siglo XX. Su patria chica fue Italia y su creador, Benito Mussolini. La palabra «fascismo» proviene del italiano *fascio*, denominación que recibían los signos de la autoridad de los magistrados romanos. El fascismo se caracteriza por la exaltación de valores como la patria o la raza, con el objetivo de «galvanizar» o movilizar a las masas, por el belicismo y por la fuerte opresión a las minorías.

El proyecto político del fascismo se apoya en una fuerte intervención del Estado en todos los aspectos de la sociedad, en un agudo corporativismo y en una economía completamente dirigida

desde el Gobierno. A la ideología fascista se asocia la exaltación de valores como la virilidad, el militarismo, la disciplina y el orden. Los regímenes fascistas establecieron organizaciones paramilitares que se encargaban de ejercer el control totalitario sobre la población. La exaltación de la figura del líder es también un elemento definitorio.

El nazismo, también llamado nacionalsocialismo, es una variante dentro del fascismo que surgió en Alemania de la mano de Adolf Hitler. Su característica más singular es la política de «higiene racial» que, en teoría, buscaba la «mejora» de la raza humana a través de una serie de políticas punitivas con las que se apuntaba a diferentes minorías consideradas inferiores. Así, los nazis llevaron a cabo una política de eugenesia a través de la prohibición de

matrimonio con «razas inferiores», la esterilización de ciertos grupos de personas o la eutanasia con el objetivo de eliminar a personas estigmatizadas –enfermos incurables, discapacitados, ancianos o niños deformes– que se consideraban un lastre para la sociedad. La manifestación más monstruosa de esta «línea política» fue el exterminio sistemático de cerca de un millón de judíos, el llamado Holocausto, además de miles de homosexuales.

MEIN KAMPF

El *Mein Kampf* («Mi lucha») fue un libro escrito por Adolf Hitler y publicado en 1925, en el cual mezcla elementos autobiográficos con una enumeración de los rasgos principales de la ideología nazi. En este libro aparecen conceptos como el de espacio vital, la teórica necesidad de Alemania de conquistar territorios vecinos para poder expandirse. En el *Mein Kampf* aparece ya la teoría racista de Hitler que propugnaba la superioridad absoluta de la raza aria y la noción de que los judíos eran inferiores.

En 1923, Hitler había intentado dar un golpe de Estado –el llamado *Putsch* de la Cervecería– que resultó fallido. Tras el fracaso decidió acceder al poder mediante procedimientos democráticos. El partido nazi se presentó varias veces a las elecciones hasta que, finalmente, Hitler fue nombrado Canciller de Alemania en 1933. Desde ese puesto se hizo con el control de todos los mecanismos del Estado hasta establecer en el país un régimen totalitario controlado por él mismo, recibiendo el título de *Führer*.

La ideología fascista se exportó a un gran número de países europeos y también latinoamericanos. Algunos ejemplos son la Liga Patriótica Argentina de los años 30, el Partido Nacional Fascista en Chile o los llamados «Leopardos», en Colombia.

La llegada de Mussolini al poder

En 1919 Benito Mussolini creó una organización a la que llamó *Fasci italiani di combattimento* –Fascios italianos de combate– y que pronto empezó a destacar por su lucha callejera contra huelguistas, simpatizantes de la izquierda y otros enemigos políticos y sociales. La sociedad italiana acomodada tenía miedo de que se produjera una revolución similar a la rusa y vieron en la organización de Mussolini un arma idónea para desarticular los movimientos obreros organizados. Los Fascios pronto crearon su propia organización paramilitar, llamada los Camisas Negras.

En 1921 la organización se convirtió en el Partido Nacional Fascista, caracterizado por su oposición al liberalismo y al comunismo. Un año después, tras la llamada «Marcha sobre Roma», Mussolini obligó al rey Víctor Manuel III a nombrarlo jefe de Gobierno con el título de *Duce*.

Mussolini cambió la ley electoral y, en 1924, ganó las elecciones por mayoría absoluta. A partir de ese momento suprimió los mecanismos del Estado de derecho hasta convertir a Italia en una dictadura totalitaria.

¿El comunismo puede ser una dictadura?

Sí, cuando se impone con el recurso al partido único.

El régimen que implantó Iósif Stalin en la Unión Soviética, denominado marxismo-leninismo o estalinismo, fue la primera dictadura totalitaria de la historia de inspiración comunista.

Llamamos estalinismo a la ideología y al régimen político implantado en la Unión Soviética por Iósif Stalin. Se diferencia del comunismo en que, mientras este es de naturaleza democrática, el estalinismo tiene un carácter totalitario. La misma ideología fue adoptada por muchos países del bloque del Este durante la Guerra Fría.

El estalinismo parte de algunos postulados ya enunciados por Karl Marx en su obra *El capital*: propiedad colectiva de los medios de producción y dictadura del proletariado. En el sistema ideado por Stalin esto se tradujo en una interpretación totalitaria de la historia y en la implantación de una dictadura en la que el Partido Comunista de la Unión Soviética fue el partido único, con un fuerte centralismo y un control político exhaustivo ejercido por el Comité Central del partido.

Se produjo una nacionalización y colectivización forzadas de la economía, con un fuerte predominio de la administración estatal. La economía quedó férreamente controlada por el Estado a través de los planes quinquenales. Se prohibió la propiedad privada de los medios de producción, se dio prioridad a la industria pesada y se llevó a cabo un proceso de militarización de la sociedad y del propio partido.

Stalin impuso una intensa represión de todos los opositores, que eran enviados a un «archipiélago» de campos de trabajo conocido como *el Gulag*. El líder soviético implantó además una intensa propaganda

estatal y fomentó el patriotismo como una forma de organizar la sociedad. La llamada «Gran Purga» consistió en una serie de campañas de represión política y deportaciones forzosas de minorías étnicas para asegurarse el control totalitario de personas e instituciones. Los estimaciones respecto al número de muertos y de encarcelados durante la Gran Purga oscilan entre los 600 000 y los dos millones de personas.

LOS *GULAGS*

En la extinta Unión Soviética el *Gulag* eran una rama de la seguridad del Estado que controlaba el sistema penal de los campos de trabajo forzado, los campos de tránsito y de detención y las prisiones. Mientras los campos albergaban criminales de todo tipo, en los *Gulags* predominaban los prisioneros políticos. A los distintos *Gulags* les fueron asignadas diferentes tareas económicas que incluían la explotación de los recursos naturales o la colonización de áreas remotas, así como la construcción de infraestructuras y la ejecución de proyectos industriales.

La tasa de mortalidad dentro de los *Gulags* era elevadísima. Se estima que cerca de un millón de prisioneros perdieron la vida durante las décadas en las que el sistema estuvo en vigor.

La Revolución Cultural china

Se llamó Revolución Cultural a la campaña de masas que teledirigió el líder del Partido Comunista de China, Mao Zedong, entre los años 1966 y 1976. Estaba dirigida contra altos cargos del partido e intelectuales a quienes el «Gran Timonel» y sus seguidores acusaban de traicionar los ideales revolucionarios. Su objetivo declarado fue el de paliar el llamado «divorcio entre las masas y el partido» que se estaba produciendo en la República Popular China.

Según la interpretación de la mayor parte de los historiadores occidentales, la Revolución Cultural fue una lucha por el poder en la cual la aspiración de Mao por recuperar su autoridad se vio apoyada por las ambiciones de otros miembros del partido.

Los jemeres rojos

Los jemeres rojos fueron una organización guerrillera liderada por Pol Pot, que tomó el poder en Camboya tras la Guerra de Vietnam, en 1975. Los jemeres rojos instauraron un gobierno totalitario que, bajo la apariencia de una república popular de inspiración maoísta, impuso el retorno a una vida agraria y la destrucción de la civilización urbana, considerada corrupta y burguesa.

Además del férreo control militar sobre la población, sometida en gran medida a un régimen de trabajos forzados, los jemeres rojos desarrollaron sofisticados métodos de detención, tortura y asesinatos en masa que condujeron a lo que se conoce como el genocidio camboyano.

El objetivo declarado del marxismo-leninismo era la creación de un régimen de partido único con un Estado omnipotente que tuviera el control total sobre la economía.

50   ¿Qué diferencia a una dictadura de una monarquía absoluta?

La vía para llegar al poder.

Hoy en día existen monarquías absolutas que pueden asimilarse a férreas dictaduras bajo forma republicana.

El célebre politólogo alemán Max Weber planteó que los sistemas políticos se sostienen porque gozan de una legitimidad que hace que los gobernados consientan en regirse por ese sistema. Existen tres tipos principales de legitimidad que se asocian con tres tipos diferentes de regímenes políticos.

En primer lugar se encuentra la llamada legitimación tradicional, que se basa en la fuerza del pasado, en el poder de la tradición. En este tipo de sistemas los gobernados asumen que hay una estructura natural de la sociedad, ya sea emanada de Dios o producto de la ley natural, y resulta inútil o contraproducente intentar cambiarla. Las monarquías apoyan su legitimidad en esta idea, ya que los linajes reales gozan del poder de la herencia de los siglos y, en último extremo, se remontan al origen divino de los monarcas.

El segundo tipo de legitimación es el carismático, que surge y se alimenta del culto a la personalidad del líder. El gobernante obtiene su legitimidad de forma individual, con el problema de que esta es difícil de mantener y casi imposible de transmitir a un sucesor. Este sistema es el que se adopta en la mayor parte de las dictaduras y sistemas totalitarios.

Existe un tercer tipo de legitimidad, denominado legal-racional, que se nutre de la confianza en las leyes y en el Estado de derecho. Los sistemas democráticos, ya sean parlamentarios o presidencialistas, suelen gozar de este tipo de legitimidad.

La diferencia principal entre una monarquía absoluta y una dictadura en la actualidad es precisamente el tipo de legitimidad que las sostiene. En una monar-

quía absoluta como Arabia Saudí, el rey obtiene su legitimidad de la fuerza de las tradiciones y del poder de la fe en una interpretación concreta del Islam. En una dictadura como las de Hitler, Stalin o Mussolini, la legitimidad emana de la personalidad del líder. Estas diferencias en la fuente de legitimidad hacen que, por regla general, las dictaduras sean menos longevas que las monarquías, ya que la legitimidad carismática es difícil de transmitir.

L'ÉTAT, C'EST MOI

Luis XIV, llamado el Rey Sol, se considera el ejemplo máximo de monarca absoluto. Rey de Francia entre 1643 y 1715, gobernó los asuntos del reino de for-

ma personalísima, ocupándose de decidir sobre cada detalle. Él fue el autor de la famosa frase *l'État, c'est moi*, «el Estado soy yo», que implica la identificación absoluta entre el Estado y la figura del monarca.

A lo largo de la historia ha habido numerosas monarquías absolutas, pero ninguna ha llegado al nivel de identificación entre Soberano y Estado de Luis XIV. A partir de las revoluciones francesa y americana de finales del siglo XVIII, incluso los monarcas absolutos han tenido que hacer ciertas concesiones a sus súbditos, adoptando textos legales semejantes a Constituciones y reconociendo ciertos derechos fundamentales.

Según Max Weber, la dominación es la capacidad de ciertos individuos y grupos de suscitar la obediencia más o menos voluntaria de otros ámbitos de la sociedad.

Las monarquías absolutas en el Islam

En la actualidad existen en el mundo seis monarquías absolutas, de la cuales cuatro pertenecen a países islámicos. El ejemplo máximo de monarquía absoluta islámica es Arabia Saudí. Según la Ley Básica de 1992 el monarca saudí debe ser fiel observador de las normas del Islam. La ley establece que la Constitución de Arabia Saudí es el Corán y la Sunnah, sin ninguna modificación, por lo que la sharia o ley islámica está plenamente vigente. Los partidos políticos y las elecciones nacionales están prohibidos. Las otras monarquías absolutas de tradición islámica son Catar, Brunéi y Omán.

El caso de Suazilandia

El Reino de Suazilandia es la única monarquía absoluta del continente africano. El rey es el jefe del Estado y le corresponde nombrar al jefe de Gobierno y a los demás ministros. Ejerce tanto el poder ejecutivo como el legislativo. Tradicionalmente el rey gobierna junto a la Reina Madre o *Indovuzaki*, «la Gran Elefanta», que es vista como una líder espiritual. Suazilandia se rige por una Constitución promulgada por el rey en 2005, lo cual la convierte en una Carta Otorgada.

51 ¿Qué es la censura? ¿Cuántos tipos se conocen?

La ausencia de libertad de expresión.

La palabra censura proviene del latín censor, un magistrado romano que además de realizar el censo de población, se encargaba de vigilar y velar por el cumplimiento de las costumbres.

La censura política es un instrumento utilizado por un Gobierno para tratar de ocultar, distorsionar o falsear la información que sus ciudadanos reciben. Ante la ausencia de información objetiva, la población tendrá menos oportunidad de disentir con el Gobierno y formarse su propia opinión. Es una de las herramientas utilizadas por los regímenes autoritarios y totalitarios para ejercer el control sobre los habitantes de un Estado.

Existen varios tipos de censura. Uno de ellos es la censura previa, que obliga a que cualquier acto de comunicación que vaya a hacerse público deba pasar antes por un censor, una autoridad que determina si el contenido se ajusta o no a las leyes que limitan la libertad de expresión. La censura previa puede aplicarse a la publicación de libros o medios de comunicación impresos, pero es muy difícil, si no imposible, de mantener en medios audiovisuales o en internet. En los regímenes autoritarios existen figuras semejantes a los censores que vigilan lo que publican los medios de comunicación para castigar posibles infracciones.

Otra modalidad de censura consiste en el otorgamiento selectivo de licencias para abrir medios de comunicación. En un régimen autoritario no cualquier persona puede fundar un medio de comunicación, sino que debe mostrar su lealtad al régimen y, seguidamente, obtener un permiso gubernamental.

Si la censura supone una limitación a la libertad de expresión, existen otros derechos fundamentales que las dictaduras suelen suprimir. Los más habituales son la libertad de manifestación, la libertad de reunión o incluso la libertad religiosa.

LA CENSURA EN INTERNET

En la era de la comunicación digital ejercer la censura es cada vez más complicado. Los ciudadanos pueden expresar sus opiniones de forma anónima a través de las redes sociales y de los blogs de noticias, lo cual hace que a un Estado autoritario le resulte prácticamente imposible silenciar a los opositores.

A pesar de ello hay algunos países que imponen límites a la libertad de expresión en internet a través de la intervención tecnológica en las redes distribuidoras de información. Por ejemplo, ciertas páginas web –como pueden ser las de los periódicos occidentales– están bloqueadas, por lo que a los ciudadanos les resulta imposible acceder a ellas. Los bloqueos también pueden afectar a redes sociales como Facebook o Twitter, o incluso a buscadores como Google. Algunos regímenes han llegado incluso a no proporcionar servicio de internet en el país o a cortar su uso durante un espacio de tiempo determinado.

No es estrictamente necesario ser un país autoritario o represivo para ejercer la censura en internet. De hecho, Estados democráticos ejercen frecuentemente una censura encubierta, bien sea por razones políticas, sociales o de seguridad nacional.

La Unión Soviética creó un programa especial de censura a cargo de la Agencia de Protección de Secretos de Estado Militares, conocida como «Glavlit» por sus siglas en ruso.

¿Qué es la propaganda?

Llamamos propaganda a una forma de comunicación que tiene como objetivo influir en la opinión y en la forma de pensar de los receptores. En la actualidad se considera legítima la propaganda comercial, que pretende convencer al consumidor para que adquiera determinados productos, y la propaganda electoral, que ensalza las virtudes de un partido político. La propaganda en manos del Estado, sin embargo, se considera poco democrática por su carácter no objetivo.

Durante la Segunda Guerra Mundial y la Guerra Fría, no pocos fueron los regímenes que utilizaron la propaganda como herramienta política. En concreto, la Alemania nazi fue maestra en el uso de la propaganda para mantener la fidelidad de la población alemana y para infundir terror en los enemigos internos y externos del régimen. Tras el fin de la Guerra Fría, los Estados dejaron de emplear la propaganda cambiándola por una nueva forma de comunicación, la diplomacia pública, que pretende ser una interacción entre el Gobierno de un Estado y la opinión pública extranjera.

¿Son peligrosas las «fake news»?

Las llamadas *fake news* son noticias falsas que aparecen normalmente en internet y que se expanden de forma viral hasta llegar a un elevado número de usuarios, que acaban por creer que la información falsa es cierta.

La mayoría de las *fake news* no nacen de forma espontánea, sino que son creadas por individuos u organizaciones con el objetivo concreto de difamar o desinformar. Las *fake news* pueden utilizarse para distorsionar la imagen de un líder, para inocular en la población un temor infundado o para ridiculizar propuestas políticas del adversario. Lo peligroso de este tipo de información falsa es que es muy difícil atajarla, ya que a menudo se desconoce cuál es su origen.

52 ¿Es verdad que Suiza es una democracia directa?

Conviven elementos de la democracia directa y de la representativa.

El sistema político suizo se denomina democracia «semidirecta» por la posibilidad que tienen los ciudadanos de implicarse en los asuntos de gobierno.

Suiza es una República parlamentaria de carácter federal. El poder legislativo lo ostenta la Asamblea Federal, que está dividida en dos cámaras: el Consejo Nacional, elegido por sufragio universal, y el Consejo de los Estados, nombrado por cada uno de los estados o cantones suizos. Al tratarse de un sistema parlamentario, la Asamblea Federal elige al poder ejecutivo, ostentado por el Consejo Federal. El sistema suizo tiene la particularidad de que los miembros del Consejo Federal ejercen de forma colegiada la jefatura del Estado. El poder judicial es independiente de los demás poderes y se articula en dos niveles, cantonal y federal.

La gran originalidad del sistema político suizo radica en sus instituciones de democracia directa, que hacen que los ciudadanos puedan intervenir activamente en los asuntos políticos del país. Se dan mecanismos de participación ciudadana a nivel federal, cantonal y municipal.

A nivel federal existe el referéndum obligatorio, al que debe ser sometida toda revisión de la Constitución, adhesión a organizaciones supranacionales y las leyes federales declaradas urgentes. El referéndum facultativo, por su parte, permite someter a voto popular una ley si al menos 50 000 ciudadanos u ocho cantones lo piden en un plazo determinado. Existe asimismo la iniciativa popular federal que es aquella que permite a los ciudadanos suizos aprobar por sí mismos un texto legislativo o proponerlo a la Asamblea Federal.

Suiza ha tenido siempre a gala su política de neutralidad, lo cual la ha llevado a no participar en ninguna de las guerras mundiales del siglo XX. Se adhirió a la ONU en el año 2002.

El caso de Liechtenstein

El principado de Liechtenstein es el otro ejemplo que existe en el mundo de democracia semidirecta. Se trata de un sistema político que en algunos aspectos es incluso más participativo que el suizo.

Se da la singularidad de que Liechtenstein es una monarquía constitucional, lo cual significa que el jefe de Estado es el príncipe y que este conserva algunos poderes ejecutivos y legislativos. Es uno de los pocos Estados europeos donde la soberanía nacional todavía es compartida por el pueblo y el monarca.

El singular sistema político del principiado cuenta con amplios mecanismos de democracia directa. Los ciudadanos gozan de la capacidad de iniciativa legislativa. Pueden votar en referéndum para rechazar una resolución del Parlamento. Existe incluso la posibilidad de celebrar una moción de confianza al príncipe que podría convertir a Liechtenstein en una República.

El referéndum en España

La Constitución española prevé que las decisiones políticas de especial trascendencia puedan ser sometidas a referéndum consultivo de todos los ciudadanos. Esto significa que el resultado del referéndum no es vinculante, sino que serán los poderes ejecutivo y legislativo los que habrán de adoptar la decisión final. Existe un solo caso en que el referéndum es vinculante: para la reforma de la Constitución, que requiere la aprobación directa por parte de los ciudadanos.

El referéndum es convocado por el Rey, mediante propuesta del Presidente del Gobierno, y previamente autorizado por el Congreso de los Diputados.

¿Puede haber una democracia electrónica?

Durante las últimas décadas se ha hablado de la posibilidad de utilizar las nuevas tecnologías de información y comunicación para articular mecanismos de democracia directa en los regímenes representativos. Hasta ahora esto no se ha llevado a cabo en ninguna parte del mundo, aunque existen distintas propuestas al respecto.

Estas propuestas suelen centrarse en la posibilidad de que el recurso al referéndum se haga más frecuente y se pueda consultar a los ciudadanos su opinión sobre la mayor parte de la legislación a través de internet. También se ha explorado la posibilidad de que los ciudadanos participen activamente en la redacción de las leyes en un modelo que se ha llamado «wikidemocracia». Los principales obstáculos son la seguridad, por un lado, y el temor a que una escasa participación llevara a que un pequeño grupo de ciudadanos con más tiempo libre gobernara sobre el resto.

53 ¿Qué es el nacionalismo?

Un movimiento que defiende que cada nación ha de tener su propio Estado.

El nacionalismo surgió en los albores de la Edad Contemporánea a la par que el concepto de nación.

Existen muy variados tipos de nacionalismo, aunque la doctrina suele destacar tres variedades principales: el nacionalismo cívico, el centrípeto y el centrífugo. El nacionalismo cívico tuvo su origen en la teoría política de Rousseau y deriva de la legitimidad del poder público que se genera a través de la participación de los ciudadanos en la vida política de la nación. Tuvo sus primeras manifestaciones en las revoluciones francesa y americana y es la esencia del nacionalismo que existe en la actualidad en la mayor parte de los Estados democráticos.

El nacionalismo centrípeto surge en Europa a principios del siglo XIX a raíz de la invasión de Napoleón Bonaparte de buena parte del Viejo Continente. Se trataba de un pensamiento conservador y burgués influido por el movimiento romántico que buscaba rescatar un pasado dorado. Su objetivo era reagrupar territorios con raíces históricas, étnicas y culturales comunes que se habían visto separados por cuestiones políticas. Sus dos grandes hitos fueron la unificación de Alemania y la de Italia, que se llevaron a cabo en la segunda mitad del siglo XIX. También puede adscribirse al nacionalismo centrípeto la nueva reunificación alemana de finales del siglo XX.

El nacionalismo centrífugo es ligeramente posterior y surge ante la desintegración de dos grandes imperios multinacionales: el Imperio austrohúngaro y el Imperio otomano. Su objetivo era fraccionar estos imperios en unidades estatales más pequeñas. Este tipo de nacionalismo impregnó las guerras balcánicas que precedieron a la Primera Guerra Mundial e impulsó la descolonización de Asia y África tras la Segunda Guerra Mundial. También se inscribe en este tipo de nacionalismo el fraccionamiento de la Unión Soviética a partir de 1989. Hoy hay abundantes movimientos

nacionalistas centrífugos en el mundo contemporáneo, especialmente en Europa, con ejemplos como Escocia, Córcega, Cataluña o el País Vasco.

LA CUESTIÓN MAPUCHE

La llamada cuestión mapuche es un ejemplo de los nuevos tipos de nacionalismo que existen en nuestros días, ya que no está vinculado tanto a un territorio como a una minoría étnica específica, en este caso el pueblo mapuche.Ciertos organismos pertenecientes al pueblo mapuche mantienen reclamaciones nacionalistas frente a los gobiernos de Chile y Argentina, entre las que figuran la autonomía jurisdiccional, la devolución de las tierras que pertenecieron a sus antepasados o el reconocimiento de la identidad cultural a la total independencia.

DEFINIENDO NACIONALISMO ECONÓMICO

La teoría del centro-periferia asegura que la globalización permite a ciertos países del sistema internacional, que ocupan el «centro» del mismo, aprovecharse de los recursos naturales y mano de obra de los Estados menos desarrollados, que son los que constituyen la «periferia». Este fenómeno se conoce con el nombre de neocolonialismo, ya que perpetúa estructuras que se crearon precisamente en la época de la colonización. El nacionalismo económico surge como reacción al neocolonialismo y parte de la idea de que los recursos naturales de una nación son patrimonio exclusivo de sus ciudadanos. El nacionalismo económico suele proponer medidas más o menos drásticas como puede ser la nacionalización de los recursos naturales y de los medios de producción, o la expropiación de empresas multinacionales para convertirlas a continuación en empresas estatales.

El sentimiento nacionalista influyó de forma determinante en las dos grandes oleadas descolonizadoras de la historia: primero, la que condujo a la independencia de las repúblicas americanas y, segundo, la gran descolonización de África y Asia.

¿El europeísmo es una forma de nacionalismo?

No exactamente. Hoy en día existe la ciudadanía europea, que viene a completar y no a sustituir las ciudadanías de los Estados miembros. Asimismo, se está dando un movimiento europeísta que reclama una mayor integración entre los países de la Unión Europea, pero en ningún caso tiene tintes nacionalistas, sino más bien cosmopolitas. El sentimiento europeísta, al igual que la ciudadanía europea, completa las identidades nacionales pero en ningún caso las sustituye.

¿Qué es el islamismo político?

Una teoría que afirma que las raíces del Estado deben encontrarse en el Corán.

El espectro político del islamismo es muy amplio y abarca desde los sectores más moderados a los más radicales, incluyendo desde partidos políticos constitucionalistas a organizaciones terroristas.

No deben confundirse los términos islámico o musulmán, relacionados con la práctica del Islam como religión, con la palabra islamista, que se refiere al movimiento político que defiende que la vida política de un Estado debe regirse por los principios transmitidos por el Corán y el resto de las tradiciones musulmanas.

El Islam ha tenido una vertiente política desde la propia predicación del profeta Mahoma, que además de líder religioso fue un dirigente político. A pesar de ello suele decirse que el islamismo como movimiento político contemporáneo surge a raíz de la desintegración del Imperio otomano.

Uno de los primeros movimientos islamistas, y que sigue existiendo en la actualidad, es el salafismo. De carácter suní y ultraconservador, surgió en la península arábiga durante la primera mitad del siglo XIX y defiende un retorno a las tradiciones originales del Islam. Sus miembros hacen una lectura literal del Corán y de la Sunna. El salafismo dio lugar a varias organizaciones, como por ejemplo los Hermanos Musulmanes, que se fundaron en Egipto en 1928.

El islamismo político existe en todas las ramas y escuelas del Islam y preconiza un retorno a las enseñanzas originales del Corán en lo que respecta a la vida política. Los islamistas más moderados podrían compararse con los partidos políticos democratacristianos en Occidente, que defienden la inclusión de una serie de valores morales tradicionales vinculados a la religión en el seno del Estado. Sectores más radicales del islamismo consideran que este es incompatible con la democracia y el modo de vida occidental; algunos grupos, incluso, defienden el uso de la violencia para implantar la tradición islámica.

EL FUNDAMENTALISMO NO ES PATRIMONIO EXCLUSIVO ISLÁMICO

Puede haber fundamentalistas en todas las religiones e incluso ideologías. Llamamos fundamentalismo a una corriente de pensamiento que defiende la interpretación literal de los textos sagrados de una religión, o bien de los textos fundacionales de una ideología. El término fundamentalismo se utiliza como sinónimo de integrista y en origen se aplicó a ciertas organizaciones cristianas, en concreto a la Iglesia Presbiteriana de Estados Unidos, que en 1910 enunció los cinco fundamentos del cristianismo como forma de retornar a la pureza de la religión. Existen fundamentalistas en prácticamente todas las religiones del mundo, incluido el Islam. La diferencia entre un fundamentalista islámico y un islamista es que el primero no pone el acento en la vertiente política del Islam, sino en el comportamiento moral del individuo y en su relación privada con Dios.

La llamada yihad mayor es la lucha contra el ego, los defectos y las bajas pasiones de cada persona.

Definiendo el yihadismo

El yihadismo es la manifestación más extrema tanto del islamismo como del fundamentalismo islámico, ya que sus adherentes consideran legítimo recurrir a la violencia para imponer «la voluntad de Alá».

El nombre procede de la *yihad*, un precepto islámico que aparece en el Corán y que constituye una obligación de todo musulmán. *Yihad* significa «esfuerzo» o «lucha en el camino de Dios», un conjunto de valores y conductas que se basan en la predicación pacífica de los preceptos del Islam a todos los seres. Los yihadistas han traducido *yihad* como «guerra santa», considerando que es obligación de todo musulmán imponer la voluntad de Alá por todos los medios, incluidos la guerra y el terrorismo.

Desafortunadamente, en los últimos años se han hecho célebres muchas organizaciones yihadistas como Al-Qaeda, Boko Haram o Hamás.

¿El Estado Islámico puede ser un auténtico Estado?

No. Se trata de un grupo terrorista insurgente que reclama su naturaleza como *Estado yihadista*. En 2014 los dirigentes del Estado Islámico proclamaron el Califato en la ciudad iraquí de Mosul y exigieron la lealtad de todos los musulmanes. Esta pretendida naturaleza estatal no fue reconocida por la comunidad internacional.

El Estado Islámico se ha caracterizado por difundir vídeos de decapitaciones y otros tipos de ejecuciones, tanto de soldados como de civiles y hasta periodistas y miembros de ayuda humanitaria. También por la destrucción de lugares históricos que forman parte del patrimonio cultural de la humanidad.

55 ¿Qué es el populismo?

Un movimiento político que basa su ideología en apelar a los sentimientos de los ciudadanos en vez de a la razón.

Ha surgido en el mundo desarrollado durante la segunda década del siglo XXI como consecuencia de la Gran Crisis Financiera de 2008.

Su nacimiento también es consecuencia del desgaste del orden político liberal surgido tras la Segunda Guerra Mundial, con la proliferación de numerosos casos de corrupción, y la falta de respuesta de los gobiernos ante las transformaciones económicas, sociales y geopolíticas que ha experimentado el mundo desde la caída del Muro de Berlín. Esta falta de respuesta ha tenido como consecuencia un aumento de la frustración y la indignación en los electorados y el avance del populismo, que ofrece soluciones expeditivas y rápidas. Una muestra de ello son las victorias de Donald Trump en Estados Unidos y de otras formaciones políticas con un «ideario» similar en Europa.

Los politólogos definen el populismo político como un grupo de movimientos que se caracteriza por un diagnóstico muy crítico de la realidad. Una de las características del populismo es centrar su mensaje en propuestas de soluciones fáciles y radicales, que pueden apelar a la xenofobia y al sentimiento de superioridad nacional o racial, a la solidaridad de clase entre trabajadores, indígenas u otros grupos sociales que se consideran sometidos y maltratados.

Los movimientos populistas crean una división entre «el pueblo», que abarca a la mayor parte de los ciudadanos, y «la élite», que se identifica con el grupo gobernante. Sobre este eje se dibuja tanto la crítica al sistema vigente –achacando a «la casta gobernante» una falta de conexión con las personas a las que deberían representar–como las propuestas políticas que apelan al «sentido común del pueblo» como bien moral superior frente a las élites corruptas.

El término populismo surgió en el siglo XIX, y lo hizo ligado a la promoción de la democracia, tanto en Estados Unidos como en el Imperio ruso. Así, muchos partidos de corte liberal conservador, aún mantienen en su denominación vocablos relacionados con este término (como popular, de la gente, etc.). Durante el siglo XX el término fue utilizado para describir a diversos partidos paternalistas y conservadores, en especial en América Latina. En el siglo XXI el término se aplica a partidos de muy diferente ideología. Hoy en día el populismo ha encontrado un gran canal de difusión de sus mensajes en las nuevas tecnologías de la comunicación. La interacción con las masas, gracias a la facilidad para la «viralización» de mensajes sencillos que apelan a los sentimientos que surgen tras ver, por ejemplo, una determinada imagen, ha propiciado el gran predicamento de que goza hoy la teoría de la lucha «pueblo-casta», en la que el populismo basa sus postulados.

LOS *NARÓDNIK*, PRIMER POPULISMO CONTEMPORÁNEO

Con ese nombre se conocieron a los revolucionarios rusos de finales del siglo XIX que impulsaron la creación de una suerte de socialismo agrario entre varios municipios con la vocación de convertirse en una federación que sustituyera al Estado. Su nombre ruso deriva de la expresión «Yendo hacia el pueblo», que se convertiría en su lema y postulado político. Eran, generalmente, jóvenes acomodados de clase media y media alta de las regiones occidentales, las más europeizadas, quienes, habiendo perdido toda esperanza con respecto al sistema monárquico e industrial, proponían un retorno a la vida agraria. Aunque encontraron cierto apoyo e iniciaron dos procesos revolucionarios, su impostada apuesta por una vida rural que no habían vivido ni conocido terminó por granjearles la enemistad de los propios agricultores de las áreas más orientales del país.

El filósofo griego Aristóteles advirtió que los sistemas políticos democráticos podían degenerar en demagogias. En este sentido, la demagogia sería un antecedente de los actuales populismos.

Ideologías populistas

El populismo como movimiento político no está identificado con las ideologías tradicionales del siglo XX: izquierda y derecha. Se han dado casos de partidos populistas en ambos extremos ideológicos; de hecho, el populismo apuesta por la «transversalidad» y la ruptura del eje ideológico tradicional.

Lo que define y ha unido las propuestas populistas de todo espectro político son las soluciones que propone a los complicados problemas de la democracia moderna. Partidos tradicionales de derecha han derivado hacia el populismo tras una crisis migratoria, y han utilizado el recurso a la xenofobia como arma para aumentar su popularidad y ganar votos. Por el contrario, diferentes crisis económicas, que han dejado amplias secuelas en forma de desempleo o precariedad laboral, han llevado a partidos tradicionalmente de izquierdas a optar por postulados populistas que incluyen la nacionalización de los medios de producción pertenecientes a «la élite» o la regulación impuesta de los precios de servicios básicos.

56 ¿Qué es el indigenismo?

El indigenismo es un movimiento que pretende recuperar algunas tradiciones de los pueblos aborígenes.

El indigenismo político procede del concepto antropológico del mismo nombre, que consiste en el estudio y valoración de las culturas indígenas.

El indigenismo es un movimiento cultural y antropológico que tiene también su reflejo político. Su origen está ligado a la colonización española del continente americano y, en concreto, al sermón que defendía a los indígenas que el religioso Antonio de Montesinos pronunció en diciembre de 1511 ante una nutrida audiencia de encomenderos. Posteriormente, durante la etapa colonial, fue adquiriendo su completa expresión cultural y antropológica. Con el acceso a la independencia de las naciones americanas en el siglo XIX, el indigenismo pasó a un segundo plano en los nuevos Estados. Las élites de estos nuevos países, descendientes de los europeos y formados en las metrópolis, centraron su trabajo en la construcción de una potente administración que garantizara su independencia.

Fue a mediados del siglo XX cuando el indigenismo adquirió un carácter político y reivindicativo en muchos países del continente americano. Durante las décadas de 1960 y 1970 algunos de estos movimientos políticos indigenistas adquirieron tintes cercanos al anarquismo y originaron una conflictividad social que granjeó ciertas reticencias hacia el movimiento indigenista global.

Se han descrito tres tipos de indigenismo político. El primero de ellos, el reformista o revolucionario, participó en las revoluciones mexicana o boliviana intentando crear un nuevo sistema político que concediera a las poblaciones indígenas sus reclamaciones de tierra frente a caciques y propietarios de latifundios. En segundo lugar, el indigenismo comunitario se basaba en la vuelta a la propiedad colectiva de la tierra y en la búsqueda de sistemas legales que respetaran esa tradición ancestral. Por último, el indigenismo desarrollista llegó al implantarse la economía de mercado en territorios de amplia presencia indígena.

Esta situación creó roces culturales que derivaron en una segregación de la nueva sociedad de la región.

A día de hoy la integración de reivindicaciones indigenistas en los modernos Estados americanos todavía no se ha resuelto de manera satisfactoria.

LOS PUEBLOS NATIVOS AMERICANOS EN ESTADOS UNIDOS

Los nativos americanos son hoy en día los descendientes de las tribus que habitaban los territorios pertenecientes hoy a los Estados Unidos. Con la llegada de los españoles en los siglos XV y XVI, y los ingleses en el siglo XVII, los europeos y sus descendientes comenzaron a desplazar y arrebatar tierras a los nativos para conformar primero las colonias y luego los Estados Unidos. A día de hoy todavía hay más de cuatro millones de nativos americanos en el país. Su estatuto interno depende del estado en el que se encuentren. En su mayor parte viven en reservas, territorios autónomos que dependen de la legislación federal y no de la del estado en el que se ubican.

Durante décadas, los nativos americanos sufrieron persecución y vivieron en estado de guerra. En 1975 se aprobó la Ley de Autodeterminación del Indio y Asistencia a la Educación, un hito del indigenismo norteamericano que garantizó su autogobierno. Hoy en día hay más de 562 gobiernos tribales que son reconocidos por el Gobierno Federal de Estados Unidos. Gracias a la legislación actual, además de formar su propio gobierno, pueden dotarse de instituciones para hacer cumplir las leyes civiles y penales, recaudar impuestos, etc. Los únicos límites a su poder son los aplicables al resto de estados de la Unión: no pueden acuñar moneda, declarar la guerra o establecer por su cuenta relaciones exteriores.

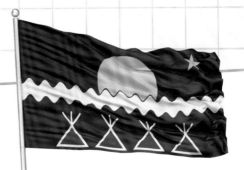

En 1940 se celebró El Primer Congreso Indigenista Interamericano, donde se declaró el indigenismo como una política oficial de los Estados americanos.

La Declaración de Naciones Unidas sobre derechos de los pueblos indígenas

Esta declaración fue adoptada en 2007 con el apoyo de 143 países y solo cuatro votos en contra. Esto supuso la culminación de un trabajo de décadas que había sido especialmente intenso desde finales del siglo XX. El documento, que no puede ser impuesto coercitivamente, es una herramienta de gran utilidad para establecer un marco común a la hora de tratar a los pueblos indígenas del Planeta.

En la declaración se abordan temas como los de identidad, cultura, nacionalidad o lengua. Y se hace hincapié en los derechos que deben ser reconocidos sobre sus tierras, sus recursos naturales y su capacidad para determinar libre e independientemente su futuro. Esta última declaración se hace extensiva a decidir su visión social, el sistema económico y las instituciones que quieran darse para establecer un marco de igualdad y respeto que garantice su supervivencia física y la de su acervo cultural.

Los cuatro países que se opusieron a la declaración fueron Canadá, Nueva Zelanda, Estados Unidos y Australia. Todos ellos albergan una amplia comunidad de indígenas.

¿Quién establece el derecho internacional?

Lo hacen los Estados.

El derecho internacional público es el ordenamiento jurídico que regula el comportamiento de los Estados y de otros sujetos de derecho internacional.

La sociedad internacional de nuestros días está formada por un conjunto de Estados soberanos, que son los sujetos primarios del derecho internacional, de la misma forma que los seres humanos somos los sujetos primarios del derecho interno de los Estados. En la sociedad internacional existen además otros sujetos aparte del Estado, como pueden ser las propias organizaciones internacionales o incluso los individuos, que pueden estar ligados a ciertos derechos y deberes en el seno de la comunidad internacional. En la sociedad internacional no existe una autoridad superior que cree el derecho, de la misma forma que los parlamentos ejercen el poder legislativo en los países democráticos. Son los propios Estados los que crean el derecho internacional a través del consenti-

miento. Un Estado no está obligado a obedecer una norma internacional a no ser que consienta en ello, aunque si lo hace, después no podrá echarse atrás de forma inmediata. Hay tres formas fundamentales de crear normas de derecho internacional. La primera y más importante es mediante la firma de tratados internacionales, que solo obligan a los Estados que los hayan firmado y ratificado. La segunda fuente de derecho internacional es la costumbre; es decir, el comportamiento que han ido siguiendo los Estados a lo largo del tiempo. La tercera vía es a través del comportamiento unilateral de un Estado: si un Estado asegura públicamente que no hará algo, por ejemplo realizar ensayos nucleares en el océano, y luego lo hace, habrá violado el derecho internacional.

Las resoluciones de algunas organizaciones internacionales también pueden crear normas obligatorias para sus miembros. Un ejemplo claro es la Unión Europea.

¿Y qué pasa si un Estado viola el derecho internacional?

Una de las principales dificultades del derecho internacional es que no existe una autoridad, como la policía dentro de los países, que pueda obligar a los Estados a cumplir la ley.

Si un Estado viola el derecho internacional incurre en lo que se llama responsabilidad internacional. Esto significa que otros Estados pueden reclamar por el perjuicio que han sufrido. Hay tribunales internacionales que determinan si un Estado ha incurrido o no en responsabilidad, pero lo que no existe es una policía internacional que obligue al Estado a asumir esta responsabilidad. La institución más próxima es el Consejo de Seguridad de la ONU, que en casos excepcionales, puede tomar medidas contra casos gravísimos de violaciones del derecho internacional o de los derechos humanos.

¿Qué es el «ius cogens»?

Hay un núcleo esencial del derecho internacional que sí tiene carácter obligatorio para todos los Estados. Es lo que llamamos *ius cogens,* que está compuesto por una serie de normas de carácter consuetudinario (es decir, la costumbre) que todos los Estados han acordado respetar. Se considera que los derechos humanos universales, la prohibición de la guerra o la no injerencia en asuntos de otros Estados son normas de *ius cogens.*

La Soberana Orden de Malta

La Soberana Orden de Malta no es un verdadero Estado, sino un sujeto de derecho internacional. Su jefe supremo, el Gran Maestre, tiene categoría de jefe de Estado y es elegido por el Consejo Pleno de Estado, el órgano electoral de la Orden. La Orden de Malta comenzó siendo una orden de caballería pero desempeña en la actualidad labores humanitarias y, en ese sentido, se parecería más a una ONG. Su estatuto, parecido al de un Estado, se debe a la herencia medieval y es hoy en día una curiosidad histórica.

58 ¿Qué es la inmunidad diplomática?

Es un concepto claramente distinto de la impunidad.

Las misiones diplomáticas son los órganos encargados de gestionar las relaciones entre los Estados. Gozan de ciertos privilegios para proteger su función.

La inmunidad diplomática consiste en una serie de beneficios de los cuales gozan los diplomáticos cuando están destinados de forma oficial en un país extranjero. Estos beneficios fueron establecidos para garantizar que los diplomáticos puedan desarrollar libremente su función, sin temor a interferencias por parte del Estado en el que están acreditados. Es semejante, en cierta medida, a la inmunidad parlamentaria.

La inmunidad diplomática afecta en primer lugar a los locales de la misión, a la propia embajada. Las autoridades del Estado en que se encuentra la embajada no pueden entrar en ella sin permiso del jefe de misión, abrir su correspondencia ni confiscar sus bienes, ni actuar en forma alguna dentro del perímetro de la embajada. Normas similares se aplican a la residencia del embajador y a las del resto de diplomáticos. Los propios diplomáticos también gozan de inmunidad: no pueden ser arrestados por las autoridades, ni condenados en un juicio, ni se les puede impedir que se muevan libremente dentro del territorio del país en que están acreditados. Sí existe la posibilidad de expulsar a un diplomático declarándolo *persona non grata.* Otro supuesto: en el caso hipotético de que un diplomático cometiera un crimen en el país en que está acreditado, su inmunidad no significaría impunidad. Dependiendo del tipo de cri-

tado que lo envió podría retirarle la inmunidad para que sea juzgado, o bien sería declarado persona *non grata* y tendría que rendir cuentas ante los tribunales de su propio país.

EL ASILO DIPLOMÁTICO

El asilo diplomático es una figura mediante la cual una persona perseguida, normalmente por motivos políticos, se refugia temporalmente en una embajada para no ser detenida por las autoridades de su país.

La embajada tiene la facultad de emitir un salvoconducto para el asilado, que podrá abandonar el país sin ser retenido.

El asilo diplomático no es una figura universal del derecho internacional, sino que se trata de un asunto que existe solo en América Latina. En Europa, por ejemplo, no se reconoce ni tampoco se aplica. Las embajadas europeas no pueden por tanto proporcionar asilo diplomático.

¿Para qué sirve la valija diplomática?

La valija diplomática es el medio de intercambiar correspondencia entre las embajadas y el ministerio de Asuntos Exteriores de un determinado país. La valija diplomática está protegida por el derecho internacional, de forma que es inviolable. Ninguna autoridad puede abrir una valija diplomática para examinar su contenido.

Aunque en la literatura policiaca la valija diplomática da mucho juego, su contenido suele limitarse a documentos oficiales de tipo administrativo y burocrático.

La extraterritorialidad no existe

Hemos visto en muchas películas de Hollywood que, cuando el héroe huye de las autoridades de algún país enemigo y llega a la embajada de Estados Unidos, asegura que se encuentra en suelo americano y que sus perseguidores ya no le pueden hacer nada. En la realidad, esto no es así.

Las embajadas no tienen estatuto de extraterritorialidad. Esto significa que la embajada de Argentina en Madrid no es territorio argentino, sino territorio español. Pero a la misión diplomática se le aplica el principio de inmunidad, por lo que las autoridades españolas no podrían entrar en la embajada sin permiso del embajador.

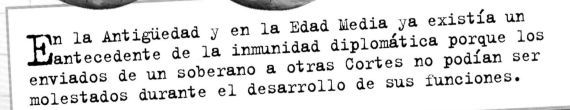

En la Antigüedad y en la Edad Media ya existía un antecedente de la inmunidad diplomática porque los enviados de un soberano a otras Cortes no podían ser molestados durante el desarrollo de sus funciones.

59 ¿Cómo funciona la ONU?

Mediante el principio de «Un Estado, un voto».

Las Naciones Unidas tienen seis idiomas de trabajo: inglés, francés, español, ruso, chino y árabe.

La Organización de las Naciones Unidas se creó después de la Segunda Guerra Mundial como un mecanismo de seguridad colectiva. Su objetivo principal era evitar que volviera a producirse otro conflicto bélico semejante.

El sistema de las Naciones Unidas se basa en el principio de «un Estado un voto», que se refleja en la Asamblea General. Todos los Estados miembros de la ONU tienen un asiento en este órgano y su voto vale igual, independientemente de factores como su tamaño, población o peso económico. Para hacernos a la idea, en la Asamblea General de la ONU, el voto de Andorra o Liechtenstein tiene el mismo peso que el de China o Estados Unidos. La Asamblea General de Naciones Unidas puede aprobar resoluciones por mayoría, pero estas no son obligatorias para los Estados. Hay algunas resoluciones, sin embargo, que por su especial importancia se consideran parte del *ius cogens* o derecho internacional obligatorio. Un ejemplo paradigmático es la Declaración Universal de los Derechos Humanos.

La Carta de las Naciones Unidas estableció otro organismo llamado Consejo de Seguridad. En su seno hay cinco miembros permanentes, que son los estados vencedores en la Segunda Guerra Mundial: Estados Unidos, Reino Unido, Francia, Rusia y China. La Asamblea General elige a otros 10 miembros no permanentes para un periodo de dos años. El Consejo de Seguridad sí puede adoptar resoluciones de obligado cumplimiento para todos los Estados en materia de mantenimiento de la paz y seguridad internacionales, pero con la particularidad de que los miembros permanentes tienen derecho de veto sobre cualquier decisión. La Organización de Naciones Unidas cuenta con 193 miembros, que son todos los Estados soberanos del Planeta con la excepción del Vaticano. Algunas entidades no reconocidas internacionalmente como Estados tampoco son miembros, como es el caso de Palestina, Taiwán o el Sahara Occidental.

FUNCIONES DEL SECRETARIO GENERAL DE LA ONU

El secretario general de la ONU es el más alto funcionario administrativo de

la Organización. Además de ejercer de secretario de los principales órganos, como la Asamblea General y el Consejo de Seguridad, representa oficialmente a las Naciones Unidas y tiene importantes funciones diplomáticas. Tradicionalmente, el secretario general de la ONU ha ejercido como mediador en distintos conflictos internacionales, al tratarse siempre de una persona de gran prestigio. Al secretario general lo nombra la Asamblea General a propuesta del Consejo de Seguridad.

La Sociedad de Naciones es el antecedente directo de las Naciones Unidas. Fue creada después de la Primera Guerra Mundial, pero su fracaso quedó de manifiesto en la década de 1930.

¿Cuáles son las funciones de la ONU?

La ONU es una organización de cooperación general, lo cual significa que su ámbito de actuación abarca todos los temas.

La Carta de Naciones Unidas establece cuatro propósitos principales de la organización. El primero de ellos es el mantenimiento de la paz y seguridad internacionales, pero los otros objetivos hablan de una cooperación más amplia. La ONU tiene la misión de fomentar relaciones de amistad entre todas las naciones. También debe favorecer la cooperación entre sus miembros para la solución de problemas internacionales de carácter económico, social, cultural o humanitario, y en el desarrollo y estímulo del respeto a los derechos humanos y a las libertades fundamentales de todos, sin hacer distinción por motivos de raza, sexo, idioma o religión.

El sistema de Naciones Unidas

Se denomina sistema de Naciones Unidas a todo el conjunto de organismos especializados que dependen de la ONU pero que trabajan en ámbitos específicos. Existen multitud de organismos internacionales, como la Organización Mundial de la Salud, el Programa Mundial de Alimentos, la Unión Postal Universal o el Fondo de Naciones Unidas para la Infancia.

Esta red de organismos es responsable de la creación de gran parte del derecho internacional actual, que no tiene un carácter político sino más bien técnico y permite que el mundo de hoy funcione como lo hace. Gracias al sistema de Naciones Unidas existen las aerolíneas comerciales que viajan entre distintos países o es posible enviar una carta de una parte a otra del mundo.

60 ¿Cuántas organizaciones internacionales hay?

Muchísimas, y no podríamos vivir sin ellas.

En la sociedad actual contemporánea existen unas 5 000 organizaciones internacionales, la mayoría de las cuales cumplen funciones técnicas.

La existencia de organizaciones internacionales es una de las características más importantes de la sociedad internacional de nuestros días. Su origen no es tan antiguo, ya que se remonta solo al siglo XIX y su existencia es una muestra clara de la importancia que reviste la cooperación entre los países en el mundo actual. Las organizaciones internacionales son asociaciones de Estados soberanos. En el modelo clásico, los países no ceden ninguna de sus competencias soberanas a la organización. Esto significa que todas las decisiones se han de adoptar por unanimidad. Así se cumple el precepto de que el derecho internacional solo obliga a los Estados que han prestado su consentimiento. Existen distintos criterios para clasificar las organizaciones internacionales. Algunas tienen vocación de universalidad, como es el caso de las Naciones Unidas, mientras que otras son regionales y su ámbito de actuación se restringe a un territorio concreto: la Unión Europea, MERCOSUR o el Consejo de los Estados del Golfo son algunos ejemplos.

Según las funciones que desarrollan las organizaciones internacionales, pueden ser de cooperación general, abarcando cualquier tema, o ceñirse a un asunto concreto. El Consejo de Europa es una organización con fines generales, mientras que la OTAN es una alianza militar. La mayor parte de las organizaciones internacionales tienen carácter técnico, como es el caso, por ejemplo, de la Autoridad Internacional de los Fondos Marinos. Casi todas las organizaciones internacionales se rigen también por un esquema semejante. Poseen un órgano plenario y Asamblea donde están representados todos los miembros, un Consejo restringido que lleva la gestión de los asuntos diarios y un secretario general que representa a la organización.

La organización internacional más antigua del mundo es la Comisión Central para la Navegación del Rin, creada en 1815 por el Congreso de Viena.

La Organización de Estados Americanos

La OEA es la organización internacional de cooperación más importante de América. Todos los Estados soberanos del continente son miembros de la organización, al margen de que algunos hayan sido suspendidos en algún momento o hayan anunciado su retirada futura.

La OEA es una organización de cooperación general y posee un sistema equivalente al de Naciones Unidas con multitud de organismos especializados cuyo ámbito de actuación es el continente americano. Destaca la Corte Interamericana de Derechos Humanos, que es uno de los sistemas de protección de derechos humanos más avanzados del mundo, así como otras entidades como la Organización Panamericana de la Salud o el Instituto Indigenista Interamericano.

La Organización del Tratado del Atlántico Norte

La OTAN es una alianza militar de corte clásico cuyo origen se remonta a la Guerra Fría. En esta época los miembros de la Alianza Atlántica se identificaron con el bloque occidental, mientras que los países del Pacto de Varsovia formaron parte de la órbita soviética.

En la actualidad, una vez superada la Guerra Fría, la OTAN sigue siendo una organización centrada en la defensa de los Estados miembros y cuya misión principal es preservar la paz y la seguridad internacionales. Se especializa en operaciones de mantenimiento de la paz. A partir de los atentados del 11 de septiembre en Nueva York y Washington, la OTAN ha dirigido también sus esfuerzos a luchar contra el terrorismo internacional.

¿La Cruz Roja Internacional es una Organización Internacional?

No, la Cruz Roja no es una organización internacional, ya que no está integrada por Estados soberanos. Se trata de un organismo muy particular, que, por un lado, funciona como una ONG pero que, por el otro, tiene una relación privilegiada con los Estados para la codificación del derecho internacional humanitario y su seguimiento.

El papel de la Cruz Roja Internacional es esencial en casos de conflicto bélico, catástrofe natural y promoción de los principios humanitarios. Su actuación se rige por la más estricta neutralidad.

61 ¿Qué es una organización supranacional?

Es una organización internacional cuyos miembros le ceden el ejercicio de competencias soberanas.

Se está dando un proceso de erosión de la soberanía de los Estados, que ceden el ejercicio de algunas de sus competencias a organizaciones supranacionales.

Llamamos organizaciones supranacionales a aquellas que no se limitan a la cooperación entre Estados, sino que van más allá y pretenden crear entidades cuyos miembros han cedido el ejercicio de algunas de sus competencia soberanas.

La clave de la supranacionalidad es el proceso de toma de decisiones. En una organización internacional al uso, las decisiones han de tomarse por unanimidad para garantizar que cualquier norma de derecho internacional ha sido aceptada por todos los Estados. En una organización supranacional hay decisiones que se adoptan por mayoría o incluso por organismos que no están integrados por representantes de los Gobiernos, como, por ejemplo, los

Parlamentos regionales, y estas decisiones obligan a todos los Estados miembros.

Existe una preocupación sobre el control democrático en las instituciones supranacionales. Si los Estados ceden competencias a un organismo superior es muy difícil para sus ciudadanos controlar de forma eficaz las decisiones que se tomen en su seno. Esto se soluciona mediante la creación de Parlamentos regionales, que en tanto que representantes de los ciudadanos de los Estados miembros, ejercen el control democrático sobre la organización. Se ha debatido sobre si la supranacionalidad tiene un elemento federalista. Y desde muchos aspectos se ha intentado dar respuesta a la siguiente pregunta: ¿Es el objetivo de las organizacio-

nes supranacionales crear un Estado más grande, que fusione a los Estados miembros en uno solo? Aunque tanto en Europa como en América ha habido autores y pensadores que han defendido una suerte de federalismo continental, ninguna organización supranacional actual tiene como objetivo declarado la creación de un Estado federal.

CONSTRUCCIÓN EUROPEA

La Unión Europea es el máximo exponente de organización supranacional y sin duda la que mayores competencias posee en comparación con otras entidades similares.

Los orígenes de la construcción europea se remontan a la época inmediatamente posterior a la Segunda Guerra Mundial, cuando se deseaba evitar a toda costa que volviera a producirse un conflicto bélico que enfrentara a los países europeos entre sí. El primer paso fue una organización de cooperación para el comercio de los materiales más importantes entonces, el carbón y el acero, pero poco a poco fue ampliando sus competencias en distintas materias. En la actualidad, la Unión Europea tiene competencias en política monetaria, comercio, educación, política agraria, cooperación al desarrollo, política exterior, justicia y un largo etcétera.

¿Existen procesos de integración en América Latina?

Sí. América Latina se considera la región del mundo con un mayor vigor en el surgimiento de organizaciones supranacionales. No en vano el propio libertador Simón Bolívar tenía un proyecto federal para unificar gran parte del continente. Algunas de las organizaciones supranacionales más importantes de Latinoamérica son el MERCOSUR, la Comunidad Andina o el Sistema de Integración Centroamericano. Ninguna de ellas ha alcanzado a día de hoy el grado de competencias de que goza la Unión Europea.

El ejemplo del «Zollverein»

El *Zollverein* fue una de las primeras organizaciones internacionales del mundo. Se trataba de una unión aduanera que se estableció en 1834 entre los diferentes Estados que hoy integran Alemania, antes, por tanto, de la unificación alemana. Se considera que el *Zollverein* creó las condiciones necesarias para que posteriormente los Estados que la componían pudieran integrarse para formar una Federación. Algunos pensadores han sugerido que los padres fundadores de la Unión Europea se inspiraron en el modelo alemán para comenzar por una unión aduanera en Europa y caminar así hacia la formación de un Estado federal paneuropeo. Lo cierto es que los tratados fundaciones de la Unión en ningún punto declaran este objetivo.

La Declaración Europea de 1951, firmada por los ministros de Asuntos Exteriores de Alemania Federal, Francia, Italia, Bélgica, Holanda y Luxemburgo se considera el nacimiento del movimiento supranacional actualmente en vigor en el Viejo Continente.

62 ¿Cómo funciona la UE?

El sistema de toma de decisiones de la Unión Europea se basa en el equilibrio entre las distintas instituciones.

La Unión Europea posee el sistema de toma de decisiones a nivel supranacional más avanzado del mundo.

La Unión Europea posee competencias en ámbitos muy diferentes y los tratados han determinado que en cada una de estas áreas el proceso de toma de decisiones sea distinto. Así, en materia de política monetaria, las decisiones se toman en el Banco Central Europeo, que actúa de forma independiente con respecto a los Estados miembros. En cambio, la política exterior común de la Unión Europea, se adopta por unanimidad de los Estados miembros.

En cualquier caso, las decisiones a nivel europeo se toman a través de un sistema de equilibrio institucional entre las principales instituciones, que son el Consejo, la Comisión, el Parlamento y el Tribunal de Justicia.

LA COMISIÓN EUROPEA

La Comisión representa la llamada lógica comunitaria en el seno de la Unión Europea. Está integrada por un presidente, propuesto por el Consejo, y por 28 comisarios procedentes de cada uno de los Estados miembros. Tanto el presidente como los comisarios deben contar con la confianza del

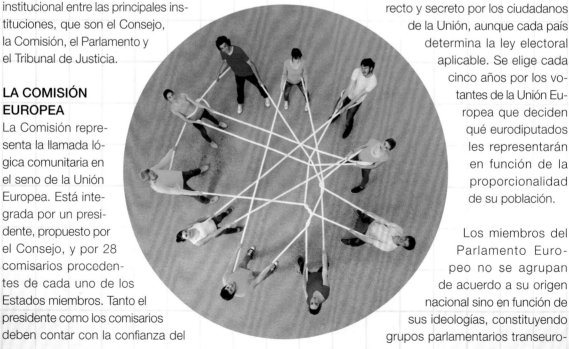

Parlamento Europeo, que se pone de manifiesto a través de una votación de investidura. Los comisarios actúan de manera colegiada y están obligados a no tener en cuenta sus orígenes nacionales, sino a trabajar por el beneficio común de la Unión. La Comisión Europea funciona de forma semejante a la de los Gobiernos de los Estados y ostenta además la potestad de iniciativa legislativa.

EL PARLAMENTO EUROPEO

El Parlamento Europeo representa la lógica democrática en el seno de la Unión. Los eurodiputados son elegidos por sufragio universal, directo y secreto por los ciudadanos de la Unión, aunque cada país determina la ley electoral aplicable. Se elige cada cinco años por los votantes de la Unión Europea que deciden qué eurodiputados les representarán en función de la proporcionalidad de su población.

Los miembros del Parlamento Europeo no se agrupan de acuerdo a su origen nacional sino en función de sus ideologías, constituyendo grupos parlamentarios transeuropeos que reflejan diversas preferencias ideológicas. El Parlamento Europeo tiene importantes competencias legislativas, que comparte con el Consejo, así como presupuestarias. Quizá una de las competencias más interesantes que supervisa el Parlamento europeo sea la de examinar las peticiones de sus ciudadanos y realizar investigaciones sobre cualquier asunto que entre en la competencia de la Unión Europea.

La construcción europea ha avanzado desde el Tratado de París de 1951, que estableció la Comunidad Europea del Carbón y del Acero, hasta el Tratado de Lisboa de 2007, que implementa el sistema vigente.

El Consejo

El Consejo de la Unión Europea representa la lógica intergubernamental en el seno de la Comunidad, ya que está integrado por representantes de cada uno de los Estados miembros. Puede reunirse a diferentes niveles y composiciones, desde el de jefes de Estado y de Gobierno hasta el de ministros.

Las decisiones del Consejo no suelen requerir la unanimidad de los Estados miembros, sino que se adoptan por mayoría a través de un sistema de voto ponderado. Esto quiere decir que cada Estado de la Unión, de acuerdo con su tamaño y población, tiene una ponderación del voto mayor o menor en el Consejo. Los Estados con más peso son los más poblados, como Alemania, Reino Unido, Francia, Italia, España o Polonia, mientras que los que tienen menos votos son los más pequeños, como Luxemburgo o Bélgica.

El Consejo cuenta con un presidente que ostenta la máxima representación de la Unión.

El Tribunal de Justicia

El Tribunal de Justicia de la Unión Europea representa la lógica del Estado de derecho en el seno de la Unión. Su misión es controlar el cumplimiento del derecho comunitario por parte de las instituciones europeas y de los Estados miembros. A través de la llamada cuestión prejudicial también ejerce de intérprete supremo del derecho de la Unión Europea.

Las sentencias del Tribunal de Justicia han tenido una enorme importancia en el proceso de construcción europea, ya que han aplicado la lógica jurídica para ampliar conceptos que no estaban plenamente definidos en el tratado. Por ejemplo, la supremacía del derecho comunitario frente al derecho interno de los Estados miembros fue declarada en primera instancia por el Tribunal y más tarde se incorporó a los tratados.

63 ¿Qué es un tribunal internacional?

Una instancia jurisdiccional encargada de aplicar el derecho internacional.

Los tribunales internacionales se crean mediante acuerdos de los Estados y sus decisiones solo son obligatorias para los miembros que aceptan su competencia.

Los tribunales internacionales se caracterizan porque dirimen diferencias entre sujetos de derecho internacional. Esto quiere decir que la inmensa mayoría de las instituciones de este tipo no admiten denuncias de ciudadanos individuales, sino únicamente de Estados soberanos o en todo caso de organismos internacionales.

El Tribunal Internacional de Justicia de las Naciones Unidas es la instancia jurisdiccional de ámbito interestatal más importante en la actualidad. Al ser todos los Estados soberanos del planeta parte de la ONU, excepto el Vaticano, las decisiones de este tribunal tienen un impacto enorme sobre la sociedad internacional y en concreto sobre la interpretación del derecho internacional público.
El Tribunal Internacional de Justicia tiene dos

procedimientos fundamentales: el contencioso y el consultivo. Todos los Estados miembros de Naciones Unidas tienen derecho a recurrir al Tribunal para resolver una controversia internacional por medio del procedimiento contencioso.

Para que el Tribunal tenga competencia, las partes en conflicto deben someterse a su jurisdicción de forma específica. Esto limita en gran medida el número de conflictos en que el Tribunal puede intervenir. No obstante, una vez aceptada su jurisdicción, la sentencia es obligatoria y debe ser acatada por las partes.

Tanto la Asamblea General como el Consejo de Seguridad de Naciones Unidas pueden solicitar al Tribunal que emita un dictamen consultivo sobre cualquier cues-

tión relacionada con el derecho internacional. Este dictamen no es obligatorio pero tiene una gran importancia jurídica.

¿QUÉ SON LOS TRIBUNALES ESPECIALES?

En algunas ocasiones en que se han producido conflictos sumamente graves se crean tribunales especiales que aplican de forma conjunta el derecho nacional y el internacional con el objetivo de depurar responsabilidades individuales. Algunos casos son los tribunales de Núremberg y Tokio tras la Segunda Guerra Mundial, o los Tribunales Especiales de Sierra Leona y el Líbano creados ya en el siglo XXI. El tribunal Penal Internacional para la ex-Yuguslavia, por ejemplo, enjuició las violaciones de derechos internacionales durante las guerras balcánicas; es decir, es un tribunal que se centra en crímenes contra la humanidad, genocidios, delitos sexuales o torturas como instrumentos de guerra.

El primer tribunal internacional de naturaleza permanente fue la Corte Permanente de Justicia Internacional de las Naciones Unidas, antecedente directo del actual Tribunal Internacional de Justicia de la ONU.

La Corte Penal Internacional

La Corte Penal Internacional se creó en 1998 y tiene su sede en La Haya. Recae sobre ella la misión especial de juzgar crímenes y delitos internacionales cometidos por individuos. Es una excepción a la regla, ya que su ámbito de actuación no son los Estados, sino las personas.

La Corte Penal Internacional juzga fundamentalmente cuatro tipos de delitos, considerados tan graves que afectan a la sociedad internacional en su conjunto: el genocidio, los crímenes de lesa humanidad, los crímenes de guerra y el crimen de agresión.

La jurisdicción de la Corte es obligatoria para todos los Estados miembros, pero por desgracia no todos los países del mundo pertenecen a esta institución.

El Tribunal Europeo de Derechos Humanos

El Tribunal Europeo de Derechos Humanos, con sede en Estrasburgo, es otra excepción a la regla general de los tribunales internacionales. Los individuos de los Estados miembros pueden acudir a él directamente para denunciar violaciones de los derechos humanos cometidas por sus Gobiernos.

El Tribunal de Estrasburgo pertenece al Consejo de Europa, una organización internacional que agrupa a la mayor parte de los países del Viejo Continente, y no solo a los miembros de la Unión Europea.

Las decisiones de este Tribunal son directamente aplicables y los Estados miembros están obligados a respetarlas e implementarlas de inmediato.

64 ¿Los Estados deben respetar los derechos humanos?

Categóricamente, sí.

Los derechos humanos incluyen a toda persona por el mero hecho de serlo, sin distinción alguna de raza, color, sexo, idioma, religión, opinión política o cualquier otra condición.

Existen tres niveles para la protección de los derechos humanos: universal, regional y nacional. El sistema universal está basado en las Naciones Unidas y parte de la Declaración Universal de los Derechos Humanos. Aunque esta tiene la forma de una resolución de la Asamblea General de la ONU y por tanto

no es obligatoria, ha pasado a convertirse en parte del derecho consuetudinario obligatorio para todos los Estados, es *ius cogens*. Esto significa que todos los Estados del Planeta están obligados a respetar los derechos contenidos en la Declaración. Los derechos abarcan artículos de carácter personal (contra la esclavitud o la tortura, por ejemplo), de libertad de pensamiento, conciencia, religión u opciones políticas y derechos que aluden a lo económico, social o cultural.

Las Naciones Unidas también han auspiciado la firma de una serie de tratados internacionales que protegen derechos específicos, como los derechos civiles y políticos, los derechos económicos, sociales y culturales o los derechos del niño. Cada uno de estos tratados cuenta con un sistema propio para garantizar el respeto de los derechos que contiene.

Existen también sistemas regionales de protección de los derechos humanos en distintas zonas del planeta. Además del Tribunal Europeo de los Derechos Humanos y de la Corte Interamericana de Derechos Humanos, hay que destacar la Corte Africana de Derechos Humanos y de los Pueblos que depende de la Unión Africana. Las Constituciones de cada Estado también suelen incluir sistemas de protección de los derechos humanos a nivel interno.

La Declaración Universal de los Derechos Humanos fue adoptada por la Asamblea General de las Naciones Unidas en 1948.

La Corte Interamericana de Derechos Humanos

El sistema americano de protección de los derechos humanos es uno de los más avanzados del mundo, ya que tanto los individuos como los Estados pueden acudir al mismo. Sus sentencias son obligatorias para todos los miembros, aunque a menudo su instrumento más útil es la denuncia pública de los abusos que puedan cometer los Estados miembros para utilizar la llamada «movilización de la vergüenza».

Los derechos humanos son universales

Algunos críticos han sugerido que los derechos humanos, tal y como se conocen hoy, son de inspiración claramente occidental; es decir, están basados en los valores morales de la civilización judeocristiana. Estos críticos proponen que se incluyan otros derechos que tienen su origen en otras culturas, como, por ejemplo, los derechos colectivos de raíces indigenistas.

En algunas ocasiones el debate sobre la universalidad de los derechos humanos se ha intentado utilizar como excusa para relativizar ciertos derechos humanos. Es bien sabido que en muchas culturas ha existido una discriminación sistemática contra las mujeres, pero esto no es excusa para que el derecho a la no discriminación por razones de sexo se pueda relativizar.

El Consejo de Derechos Humanos de la ONU

El Consejo de Derechos Humanos de la ONU es el encargado de velar por el cumplimento de los pactos internacionales en el ámbito de los derechos humanos. El Consejo no funciona como un tribunal y por tanto no dicta sentencias, sino que realiza una serie de informes que ponen de manifiesto el nivel de cumplimiento por parte de sus miembros.

Entre sus diferentes procedimientos destaca el Examen Periódico Universal, al que se someten por turno todos los Estados pertenecientes a las Naciones Unidas y en el que han de responder a las preguntas que los otros miembros realizan sobre la situación de los derechos humanos en su país. El Examen Periódico Universal se nutre de información que proporcionan las organizaciones de la sociedad civil.

65 ¿La guerra es legal?

Categóricamente, no.

La Carta de las Naciones Unidas prohíbe a todos sus miembros recurrir a la amenaza o al uso de la fuerza contra la integridad territorial o la independencia política de cualquier Estado.

La prohibición de la amenaza o del uso de la fuerza es uno de los principios básicos de la sociedad internacional de nuestros días. Tanto la Carta de Naciones Unidas como otras normas de derecho internacional son tajantes al respecto: la guerra está prohibida. Algunos tipos de armas especialmente crueles, como las biológicas, están prohibidas también. Solo unos pocos países están autorizados a poseer armamento nuclear. Y sin embargo, los conflictos armados se siguen produciendo. ¿Cómo es posible?

Existe una excepción a la prohibición del uso de la fuerza: el sistema de seguridad colectiva de la ONU. En el seno de la sociedad internacional es posible que alguno de sus miembros viole la prohibición de uso de la fuerza atacando un país vecino, o bien represente una amenaza para la seguridad colectiva al desarrollar un programa nuclear no autorizado. En ese caso, el Consejo de Seguridad de la ONU puede autorizar el uso de la fuerza para reprimir la amenaza.

En la sociedad internacional, sin embargo, muchos de los conflictos bélicos no se producen entre países diferentes, sino dentro de las fronteras de los Estados. Puede que el motivo sea un golpe de Estado, una revolución, una guerra civil u otro tipo de enfrentamiento interno que conlleve el uso de la fuerza. En este caso entran en conflicto dos principios de derecho internacional: la no injerencia en los asuntos internos de otro Estado y la obligación universal de respetar los derechos humanos.

142

EL DERECHO HUMANITARIO

A pesar de que la guerra está prohibida, el hecho es que existe. El derecho humanitario es el conjunto de normas que han de aplicarse cuando se desencadena un conflicto bélico. Sus normas principales tratan de la obligación de respetar la rendición del enemigo, de la renuncia al uso de torturas contra los prisioneros, del respeto a la neutralidad o de la no utilización de determinados armamentos innecesariamente crueles, como son las minas antipersonas o las armas bacteriológicas.

No se debe confundir el derecho humanitario con los derechos humanos. En cierta forma podría decirse que el derecho humanitario empieza a funcionar cuando el respeto a los derechos humanos ha fallado.

La primera prohibición jurídica de la guerra se produjo en 1928 con el Pacto de Briand-Kellog, al que llegaron a adherirse 72 Estados. Su resultado no fue duradero ya que, apenas transcurrida una década, estalló la Segunda Guerra Mundial.

¿Existe el derecho a la legítima defensa?

Sí, el derecho internacional público reconoce el derecho a la legítima defensa en el caso de que un Estado sea agredido por otro, sin necesidad de que el Consejo de Seguridad le autorice para usar la fuerza.

No existe, en cambio, la legítima defensa preventiva. En ocasiones se ha invocado la legítima defensa para reaccionar contra un Estado que podría suponer una amenaza en el futuro. Esta interpretación no es correcta; en todo caso, sería el Consejo de Seguridad de Naciones Unidas la instancia que debería apreciar la existencia de esa amenaza y autorizar una intervención destinada a contenerla.

¿Qué es el deber de intervención humanitaria?

El deber de intervención humanitaria es la obligación de la sociedad internacional de actuar en el caso de que un Estado esté cometiendo violaciones sistemáticas de los derechos humanos.

Este principio no está asentado en el derecho internacional de forma sólida, ya que entra en conflicto con la no injerencia en asuntos internos. No obstante, la violación sistemática de los derechos humanos se considera una amenaza a la seguridad internacional, de modo que el Consejo de Seguridad de la ONU puede autorizar una intervención armada para detenerla.

índice onomástico